GRACIAS POR CONFIAR EN COLEX

Disfrute gratuitamente **DURANTE UN AÑO** de los eBook, audiolibros y Colex Copilot de las obras de Editorial Colex*

ACTIVA TU CÓDIGO PARA ACCEDER A LOS SERVICIOS

1. Accede a **www.colex.es**.

2. Inicia sesión o regístrate como usuario.

3. Dirígete al menú de usuario y haz clic en **«Mis códigos»**.

4. Introduce el siguiente código **(RASCA PARA VER EL CÓDIGO)**:

◆ Una vez se valide el código, aparecerá una ventana de confirmación y su eBook / audiolibro / Colex copilot estarán activos **durante 1 año desde su activación** en la pestaña «Mis libros» en el menú de usuario.

* Los audiolibros están disponibles en las ediciones más recientes de nuestras obras. Se excluyen expresamente las colecciones «Códigos comentados», «Biblioteca digital» y los productos de www.vademecumlegal.es. Colex Copilot únicamente está disponible en las ediciones más recientes de las colecciones «Paso a paso» y «Vademecum».

No se admitirá la devolución si el código promocional ha sido manipulado y/o utilizado.

¡Gracias por confiar en nosotros!

La obra que acaba de adquirir incluye de forma gratuita la versión electrónica.

Acceda a nuestra página web para aprovechar todas las funcionalidades de las que dispone en nuestro lector.

Funcionalidades eBook

Acceso desde cualquier dispositivo con conexión a internet

Idéntica visualización a la edición de papel

Navegación intuitiva

Tamaño del texto adaptable

Síguenos en:

NUEVA FUNCIONALIDAD CON INTELIGENCIA ARTIFICIAL EN LOS LIBROS DE COLEX

| Una cortesía de Iberley.es |

En Colex damos un paso más en innovación jurídica. Desde ahora, las guías «Paso a paso» y los «Vademecum» incorporan una nueva funcionalidad basada en **inteligencia artificial**, gracias a la tecnología de **Iberley IA**.

El lector podrá interactuar directamente con el contenido del libro de forma inmediata, útil y centrada exclusivamente en su materia.

☑ **¿Qué puede hacer el usuario en el libro?**

- 💬 Realizar preguntas sobre el contenido del libro.

- 📦 Solicitar explicaciones de artículos, conceptos o normativa.

- ✴ Utilizar un ChatBot inteligente, contextualizado y acoplado al contenido legal del libro.

- 💡 Resolver dudas puntuales mientras se estudia o trabaja con la obra.

☒ **¿Qué no puede hacer esta versión del ChatBot?**

- ✗ No permite generar escritos jurídicos.

- ✗ No analiza ni responde documentos externos.

- ✗ No responde a consultas de otras materias distintas a la del libro.

Esta herramienta está pensada para enriquecer la experiencia de lectura y consulta del libro. Su uso es exclusivo sobre su contenido.

¿QUIERES IR MÁS ALLÁ? DESCUBRE IBERLEY IA

Si necesitas una **solución avanzada de inteligencia legal**, con cobertura total de materias y documentos, entra en **www.iberley.es** y accede a todas las funcionalidades profesionales:

CUADRO SIMBÓLICO DE FUNCIONALIDADES		
Funcionalidad	En los libros Colex	En Iberley.es
Preguntar sobre el contenido del libro	✓	✓
Solicitar explicaciones jurídicas	✓	✓
ChatBot integrado al contenido del libro	✓	✓
Consultas sobre otras materias	✗	✓
Análisis de documentos externos	✗	✓
Generación de escritos jurídicos	✗	✓
Traducción jurídica	✗	✓
Informes y resúmenes legales automáticos	✗	✓
Contratos, guías prácticas y emails para clientes	✗	✓
Estrategias judiciales y jurisprudencia instantánea	✗	✓

CLÁUSULA IRPH EN PRÉSTAMOS HIPOTECARIOS

Cómo reclamar y conseguir su devolución

CLÁUSULA IRPH EN PRÉSTAMOS HIPOTECARIOS

Cómo reclamar y conseguir su devolución

2.ª EDICIÓN 2026

Obra realizada por el Departamento de Documentación de Iberley

COLEX 2026

© Editorial Colex, S.L.
Calle Costa Rica, número 5, 3º B (local comercial)
A Coruña, C.P. 15004
info@colex.es
www.colex.es

I.S.B.N.: 979-13-7011-468-8
Depósito legal: C 1954-2025

SUMARIO

ANEXO II.
FORMULARIOS

0.
INTRODUCCIÓN

Introducción

Las condiciones generales de la contratación se regulan principalmente por la Ley 7/1998, de 13 de abril, sobre condiciones generales de la contratación. El objetivo principal de esta ley es la protección de los consumidores y usuarios frente a posibles abusos en los contratos que contienen cláusulas predispuestas por una de las partes. Ahora bien **¿qué se entiende por cláusula abusiva?** Es toda aquella estipulación que no haya sido negociada individualmente, así como aquellas prácticas que no hayan sido consentidas de manera expresa que, en contra de las exigencias de la buena fe, causen, en perjuicio del consumidor y usuario, un desequilibrio importante en los derechos y obligaciones de las partes que se deriven del contrato.

Esta guía «Paso a paso» se centra en la cláusula IRPH en los contratos de préstamo hipotecario. El Índice de Referencia de Préstamos Hipotecarios, más conocido como IRPH, es un tipo de interés variable oficial que se utiliza en vez de otros como el euríbor para referenciar algunos préstamos hipotecarios concedidos para la adquisición de vivienda en toda España. En estos últimos años se ha venido cuestionando la posible abusividad de dicha cláusula, y ello ha provocad una confrontación entre la jurisprudencia del TJUE y del Tribunal Supremo.

El Tribunal de Justicia de la Unión Europea se ha pronunciado analizando la posible abusividad y delimitando aquellos supuestos en los que es procedente una reclamación. La **STJUE n.º 300/23, de 12 de diciembre de 2024**, abre la puerta a una nueva interpretación de la Directiva 93/13 en relación a diferentes aspectos, tales como el requisito de transparencia, el posible carácter abusivo de la cláusula, así como las posibles consecuencias que se producirían en el supuesto en el que efectivamente se declarase la abusividad de la misma.

Por otro lado, este mismo tribunal **en la sentencia n.º 125/18, de 3 de marzo de 2020**, subraya la importancia de proteger al consumidor en situaciones de asimetría de poder en las relaciones contractuales, donde las entidades financieras, como profesionales, tienen la supremacía en la redacción de los contratos. De igual manera, enfatiza la importancia de que las cláusulas contractuales sean redactadas de manera que no solo sean claras, sino que pro-

porcionen toda la información necesaria para que el consumidor comprenda las consecuencias financieras de sus decisiones. Este enfoque podría llevar a que las entidades financieras adopten prácticas más transparentes, incluyendo información detallada sobre índices, comisiones y cualquier otro factor que afecte al coste total del préstamo.

Adicionalmente, también resulta relevante la interpretación realizada por el Tribunal Supremo de toda la jurisprudencia europea, y, en concreto, las recientes **STS n.º 1590/2025, de 11 de noviembre**, y **STS n.º 1591/2025**, de la misma fecha, en las que se ofrecen los parámetros que deben ser valorados por los tribunales a la hora de considerar la cláusula de IRPH como abusiva.

El lector tendrá la oportunidad de conocer a través de esta guía cuál es el procedimiento de reclamación de nulidad por abusiva de la cláusula de IRPH. Así, en virtud del artículo 83 de la LGDCU, *«las cláusulas abusivas serán nulas de pleno derecho y se tendrán por no puestas. A estos efectos, el Juez, previa audiencia de las partes, declarará la nulidad de las cláusulas abusivas incluidas en el contrato, el cual, no obstante, seguirá siendo obligatorio para las partes en los mismos términos, siempre que pueda subsistir sin dichas cláusulas».* Este precepto hace posible la reclamación, contemplándose dos variantes: la reclamación extrajudicial y la reclamación judicial.

Con la entrada en vigor el 3 de abril de 2025 de la reforma realizada por la Ley Orgánica 1/2025, de 2 de enero, de medidas en materia de eficiencia del Servicio Público de Justicia, se introduce un nuevo apartado 5 en el artículo 439 de la LEC en el que se establece como requisito de procedibilidad en las acciones de reclamación de devolución de las cantidades indebidamente satisfechas por el consumidor en aplicación de determinadas cláusulas suelo o de cualesquiera otras cláusulas que se consideren abusivas contenidas en contratos de préstamo o crédito garantizados con hipoteca inmobiliaria, una reclamación extrajudicial previa frente a las personas físicas o jurídicas que realicen la actividad de concesión de préstamos o créditos de manera profesional. La regulación de dicha reclamación extrajudicial previa se contiene en el nuevo artículo 439 bis.

En cuanto a la reclamación judicial, en virtud de lo dispuesto por la reiterada jurisprudencia del Tribunal Supremo, si la entidad financiera no responde favorablemente a la reclamación extrajudicial que se ha expuesto en líneas anteriores, procede interponer una demanda judicial. La demanda debe fundamentarse en la falta de transparencia y el carácter abusivo de la cláusula. Las consecuencias que tendría esta reclamación serían la devolución de las cantidades pagadas y un posible reajuste del préstamo.

En esta obra el lector podrá resolver todas las dudas que se le planteen acerca de la cláusula IRPH, así como muchos otros aspectos, todo ello acompañado de un amplio análisis jurisprudencial tanto del TJUE como del Tribunal Supremo, así como una serie de casos prácticos y formularios que le ofrecerán una visión práctica y didáctica de la materia.

1.
LAS CONDICIONES GENERALES DE LA CONTRATACIÓN

Las condiciones generales de la contratación

Las condiciones generales de la contratación en el derecho español están reguladas principalmente por la **Ley 7/1998, de 13 de abril, sobre condiciones generales de la contratación**. Esta ley tiene como objetivo principal la protección de los consumidores y usuarios frente a posibles abusos en los contratos que contienen cláusulas predispuestas por una de las partes.

Las condiciones generales de la contratación son aquellas cláusulas predispuestas cuya incorporación al contrato es impuesta por una de las partes, con independencia de la autoría material de las mismas, de su apariencia externa, de su extensión y de cualesquiera otras circunstancias, habiendo sido redactadas con la finalidad de ser incorporadas a una pluralidad de contratos. Así se establece en el **artículo 1 de la Ley 7/1998, de 13 de abril**.

En virtud del **artículo 2 de la misma**, la ley se aplica a los contratos que contengan condiciones generales celebrados entre un profesional (predisponente) y cualquier persona física o jurídica (adherente). El adherente puede ser también un profesional, sin necesidad de que actúe en el marco de su actividad.

En cuanto a los requisitos de incorporación, el **artículo 5 de la Ley 7/1998, de 13 de abril**, apunta que para que las condiciones generales formen parte del contrato, deben ser aceptadas por el adherente y firmadas por todos los contratantes. Además, deben ser redactadas de manera transparente, clara, concreta y sencilla. Las condiciones incorporadas de modo no transparente en los contratos en perjuicio de los consumidores serán nulas de pleno derecho.

Por otro lado, según lo dispuesto en el **preámbulo de la citada ley**, esta **distingue entre condiciones generales y cláusulas abusivas**. Una cláusula es condición general cuando está predispuesta e incorporada a una pluralidad de contratos exclusivamente por una de las partes, y no tiene por qué ser abusiva. Una cláusula abusiva es aquella que, en contra de las exigencias de la buena fe, causa en detrimento del consumidor un desequilibrio importante e injustificado de las obligaciones contractuales.

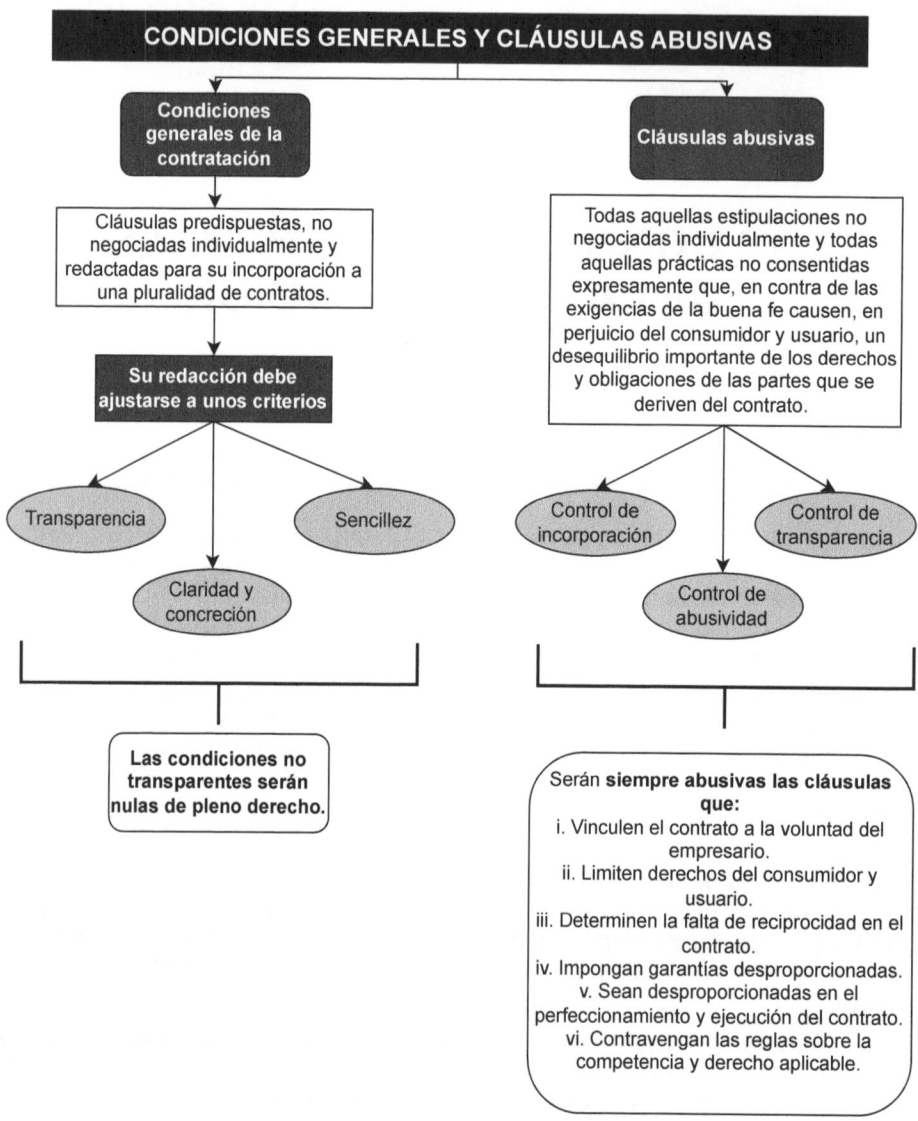

CONDICIONES GENERALES Y CLÁUSULAS ABUSIVAS

Condiciones generales de la contratación

Cláusulas predispuestas, no negociadas individualmente y redactadas para su incorporación a una pluralidad de contratos.

Su redacción debe ajustarse a unos criterios

- Transparencia
- Claridad y concreción
- Sencillez

Las condiciones no transparentes serán nulas de pleno derecho.

Cláusulas abusivas

Todas aquellas estipulaciones no negociadas individualmente y todas aquellas prácticas no consentidas expresamente que, en contra de las exigencias de la buena fe causen, en perjuicio del consumidor y usuario, un desequilibrio importante de los derechos y obligaciones de las partes que se deriven del contrato.

- Control de incorporación
- Control de abusividad
- Control de transparencia

Serán **siempre abusivas las cláusulas que:**
i. Vinculen el contrato a la voluntad del empresario.
ii. Limiten derechos del consumidor y usuario.
iii. Determinen la falta de reciprocidad en el contrato.
iv. Impongan garantías desproporcionadas.
v. Sean desproporcionadas en el perfeccionamiento y ejecución del contrato.
vi. Contravengan las reglas sobre la competencia y derecho aplicable.

CUESTIÓN

¿En qué medida el Registro de Condiciones Generales de la Contratación contribuye a la protección de los consumidores frente a las cláusulas abusivas en los contratos?

El Registro de Condiciones Generales de la Contratación, regulado por la **Ley 7/1998, de 13 de abril, en su artículo 11**, tiene como objetivo principal la protección de los consumidores frente a las cláusulas abusivas en los contratos. Este registro, gestionado por un Registrador de la Propiedad y Mercantil, permite la inscripción de las cláusulas contractuales que se consideran condiciones generales de la contratación, así como las sentencias firmes que declaran la nulidad de dichas cláusulas.

La inscripción de estas cláusulas y sentencias en el registro tiene varios efectos protectores para los consumidores:

1. **Publicidad y transparencia**: el registro es público, lo que significa que cualquier persona tiene derecho a conocer el contenido de los asientos registrales. Esto facilita que los consumidores y las asociaciones de consumidores puedan identificar y evitar cláusulas abusivas antes de firmar un contrato.

2. **Efecto *erga omnes***: las sentencias firmes inscritas en el registro tienen efectos erga omnes, es decir, son vinculantes para todos, no solo para las partes del litigio original. Esto implica que una cláusula declarada nula por abusiva en un contrato no puede ser utilizada en otros contratos por el mismo predisponente, lo que amplía la protección a todos los consumidores.

3. **Facilitación de acciones colectivas**: la inscripción de las condiciones generales y las sentencias permite a las asociaciones de consumidores y otros legitimados interponer acciones colectivas de cesación, retractación y declarativa. Esto evita la necesidad de que cada consumidor tenga que litigar individualmente, lo que puede ser costoso y desalentador.

4. **Disuasión de prácticas abusivas:** la posibilidad de que las cláusulas abusivas sean inscritas y conocidas públicamente actúa como un mecanismo disuasorio para los empresarios y profesionales, quienes preferirán evitar el uso de tales cláusulas para no dañar su reputación y evitar litigios.

En conclusión, el Registro de Condiciones Generales de la Contratación contribuye significativamente a la protección de los consumidores al proporcionar transparencia, facilitar la acción colectiva y disuadir el uso de cláusulas abusivas, asegurando así un mercado más justo y equilibrado.

2.
CONTRATO DE PRÉSTAMO O CRÉDITO HIPOTECARIO DESDE EL PUNTO DE VISTA DE LOS CONSUMIDORES

La hipoteca como garantía del préstamo con el que se financia la compra de una vivienda

Cuando una vivienda se «compra con hipoteca», en realidad, se están celebrando dos contratos o negocios jurídicos distintos, pero íntimamente relacionados:

- Por un lado, se celebra una compraventa entre el vendedor de la vivienda y su comprador.
- Por otro, se concierta un préstamo con garantía hipotecaria, que es un contrato o negocio jurídico que se celebra entre el prestamista (la parte que lo concede, que será normalmente una entidad bancaria) y el prestatario (quien recibe el préstamo).

Por lo tanto, **la hipoteca no «paga» la vivienda, lo que financia su adquisición es el préstamo que se contrata con el banco**. La hipoteca simplemente es una forma de garantizar el cumplimiento de la obligación que asume quien solicita un préstamo, de devolver el capital recibido más los intereses en los términos que se hayan acordado. Haría las veces de un aval o de una fianza, como forma de asegurar el pago de la deuda, solo que en lugar de que sea otra persona la que actúe como garante, se constituye una garantía sobre un bien inmueble, que se afecta al pago. De modo que, si se dejan de pagar las cuotas del préstamo durante un determinado período de tiempo, la entidad bancaria estaría facultada para ejecutar la hipoteca, conforme a un determinado procedimiento, a fin de cobrar la deuda y los correspondientes intereses, enajenando para ello el inmueble.

> **A TENER EN CUENTA**. Normalmente, la hipoteca se constituye sobre la misma vivienda que se adquiere, aunque también puede constituirse sobre otra vivienda u otro inmueble, en caso de que se disponga de ellos.

En este apartado nos centraremos en el análisis de esta figura, a fin de delimitar su contenido y funcionamiento básico. Asimismo, se repasarán las principales obligaciones que conlleva, los trámites para su contratación, los gastos que implica y quién tendrá que asumirlos, su tributación básica y otras cuestiones relativas a la vida y terminación del préstamo hipotecario.

CUESTIÓN

¿Qué es una fianza como forma de garantía de un préstamo? ¿Qué la diferenciaría de una hipoteca?

La fianza es una forma de garantizar el cumplimiento de una obligación dineraria, en virtud de la cual el fiador se obliga a pagar o a cumplir por el deudor principal (el afianzado), en caso de que este no lo haga. Se regula en los artículos 1822 del CC y siguientes.

La fianza es una forma de asegurar el pago de una deuda que recae sobre una persona: es una persona la que se obliga a pagar si no lo hace el deudor principal. Sin embargo, en la hipoteca, el respaldo no lo ofrece una persona, sino que recae sobre un bien (inmueble), que se sujeta a responder del pago de la deuda.

¿Qué es un préstamo con garantía hipotecaria?

Un préstamo hipotecario es una forma de financiar la adquisición de una vivienda, por medio de la cual una **entidad bancaria concede al futuro comprador una determinada cantidad de dinero y este asume la obligación de devolver ese capital a largo plazo, junto con los intereses estipulados**, a través del pago de **cuotas periódicas** (normalmente, mes a mes). Y, todo ello, con el respaldo de una garantía muy específica que asegura al banco el cobro de lo que le corresponde: la hipoteca que se constituye sobre la propia vivienda que se adquiere (eso será lo más habitual, aunque también podría constituirse sobre otro inmueble). Se trata, por tanto, de una única operación que en realidad tiene dos caras: la del préstamo y la de la garantía (la hipoteca).

Las partes en este tipo de operaciones son dos:

- El prestamista, que sería aquel que concede el préstamo y pone el capital a disposición de la otra parte, a cambio de una determinada retribución (los intereses).

- El prestatario, que sería la parte que recibe el préstamo y se compromete a su devolución, junto con los oportunos intereses y en los plazos y términos que se hayan establecido.

Por lo demás, la configuración básica del préstamo gira en torno a tres elementos clave:

- El **capital**. El capital del préstamo es el importe o cantidad de dinero que se pide al banco, excluidos los intereses. Normalmente, en los préstamos con garantía hipotecaria, la entidad bancaria suele concederlos por el 80 % del valor del inmueble, de modo que la parte restante (alrededor del 20 %) debería tenerse ahorrada por el interesado o bien obtenerse por otra vía. Sin embargo, también puede solicitarse un préstamo al 100 %, que cubra todo el valor del inmueble y no requiera de entrada; aunque este tipo de préstamos suelen ser más caros y exigir condiciones más estrictas para su concesión. En el caso de no contar con la estabilidad económica necesaria para ello, otras opciones habituales para obtener este tipo de préstamos podrían pasar por el otorgamiento de una segunda garantía (a mayores de la hipoteca sobre la vivienda), por ejemplo, constituyendo otra hipoteca sobre otro inmueble o una garantía personal a través de un aval privado o concedido por el ICO.

> **A TENER EN CUENTA**. Además de la entrada, es recomendable tener un colchón extra para cubrir otros gastos asociados a la compra, como podrían ser los impuestos y los gastos de notaría o gestoría.

- El **tipo de interés**. El tipo de interés es el precio del dinero. Consiste en un porcentaje que determina la contraprestación que la entidad bancaria cobra a cambio de prestar el dinero. Podrá ser fijo o variar según cómo evolucione el índice de referencia que se haya establecido.
- El **plazo de amortización**. Es el período de tiempo a lo largo del cual se irán pagando las cuotas del préstamo, en condiciones normales y salvo que se realice una amortización anticipada (esto es, que se pague el préstamo antes de la fecha de su vencimiento). Los préstamos con garantía hipotecaria suelen ser operaciones con un plazo largo de amortización. En ese sentido, tal y como apunta el Banco de España en su portal electrónico: cuanto más largo sea el plazo (si no varían las demás condiciones del préstamo), las cuotas serán menores, pero los intereses totales serán más elevados.

Por lo que se refiere a la hipoteca, consiste en una garantía que sujeta directa e inmediatamente los bienes sobre los que se impone, cualquiera que sea su poseedor, al cumplimiento de la obligación para cuya seguridad fue constituida (artículo 104 de la Ley hipotecaria, aprobada por Decreto de 8 de febrero de 1946 —en adelante, LH—). En principio, para que la **hipoteca** quede válidamente establecida, **será necesario que se constituya en escritura pública y que esa escritura se inscriba en el registro de la propiedad**. De ahí que la entidad bancaria exija la inscripción de la vivienda en el registro de la propiedad para conceder la hipoteca, para que pueda inscribirse también la hipoteca y que esta quede válidamente constituida, desplegando todos sus efectos.

Sea como fuere, dada la complejidad de estas operaciones y el desequilibrio evidente entre ambas partes (entidad bancaria y cliente), lo cierto es que existe una norma específica que establece una serie de normas para proteger a las personas físicas que contraten préstamos garantizados con hipoteca sobre inmuebles de uso residencial o cuya finalidad sea adquirir o conservar derechos de propiedad sobre terrenos o inmuebles construidos o por construir; y siempre que los contraten con entidades bancarias o con personas o entidades que se dediquen profesionalmente a la concesión de préstamos hipotecarios. Es la **Ley 5/2019, de 15 de marzo, reguladora de los contratos de crédito inmobiliario**. Básicamente, esa norma lo que hace es configurar las reglas básicas de transparencia que han de regir estos contratos, el régimen jurídico de los prestamistas e intermediarios de crédito inmobiliario, incluida la obligación de llevar a cabo una evaluación de la solvencia antes de conceder el préstamo, estableciendo un régimen de supervisión y de sanción, así como las normas de conducta aplicables a la actividad de ciertas empresas o profesionales que trabajan en este sector (como los prestamistas o asesores).

CUESTIÓN

¿Qué es la hipoteca inversa? ¿Tiene algo que ver con el préstamo hipotecario?

La hipoteca inversa no es una forma de garantizar la devolución de un préstamo contratado para comprar una vivienda. Es más bien una figura que permite obtener financiación a determinadas personas que tienen una vivienda en propiedad.

Consiste en un producto financiero que permite a las personas mayores o dependientes utilizar una parte de su patrimonio inmobiliario para aumentar su renta durante los últimos años de la vida. Consiste en un préstamo o crédito hipotecario por medio del cual el propietario de un inmueble realiza disposiciones, normalmente periódicas (aunque la disposición puede realizarse de una sola vez), hasta un importe máximo determinado por un porcentaje del valor de tasación en el momento de la constitución. Cuando se alcanza dicho porcentaje, el interesado deja de disponer de la renta y la deuda sigue generando intereses, que suelen ser más altos que los habituales. La recuperación del crédito dispuesto y de los intereses por parte de la entidad financiera tiene lugar, en la mayoría de los casos, de una vez al fallecimiento del propietario (mediante la cancelación de la deuda por sus herederos o la ejecución de la garantía hipotecaria por la entidad).

3.
LA CLÁUSULA IRPH EN LOS CONTRATOS DE PRÉSTAMO HIPOTECARIO

Cláusula IRPH en los contratos de préstamo hipotecario

Como punto de partida cabe señalar que tal y como afirma el Tribunal Supremo en su **sentencia n.º 1591/2025, de 11 de noviembre, ECLI:ES:TS:2025:4838**, en el mercado bancario y financiero se utilizan dos sistemas de determinación del tipo de interés remuneratorio:

- El **interés nominal fijo**: establece el contenido contractual desde el inicio de la relación hasta su finalización, y ofrece una mayor previsibilidad sobre la cantidad total a satisfacer en concepto de intereses, pero puede acabar resultando muy gravoso para una de las partes cuando las fluctuaciones de los tipos son muy pronunciadas.

- El **interés variable**: no es inmune a la fluctuación de los tipos de interés, y acomoda la ejecución del préstamo a las oscilaciones del precio del dinero. En estos casos, para ajustar el interés a los niveles de mercado, si divide la duración total del contrato en períodos, y cada uno de ellos se le aplica el tipo resultante de las condiciones pactadas.

En este sentido, a la hora de calcular el interés variable hay que valorar dos elementos, el primero que el tipo de interés se revisa cada cierto tiempo, y el segundo que consiste en los parámetros conforme a los cuales se calcula el interés aplicable, y que suele desglosarse en dos componentes:

- Un tipo de referencia indicativo del precio del dinero como, por ejemplo, el IRPH o el Euríbor.

- Un margen o diferencial establecido en términos porcentuales que se añade al tipo de referencia.

Se denomina IRPH al Índice de Referencia de los Préstamos Hipotecarios elaborado por el Banco de España e implantado en nuestro país desde 1994. Se trata de uno de los tipos de interés de referencia oficiales del mercado hipotecario.

Tal como se expresa en el auto del TJUE n.º C-254/22, de 28 de febrero de 2023, ECLI:EU:C:2023:134, «(...) el **IRPH** es un tipo de interés legal utilizado en España por las instituciones financieras que corresponde a la **media de las tasas anuales equivalentes** establecidas por las entidades de crédito **para los préstamos hipotecarios de una duración superior a tres años** para la adquisición de vivienda libre».

Citando a nuestro Alto Tribunal en su **sentencia n.º 1591/2025, de 11 de noviembre, ECLI:ES:TS:2025:4838**:

> «Los índices IRPH (...) se definieron como la media simple de los tipos de interés medios ponderados por los principales de las operaciones de préstamo con garantía hipotecaria de plazo igual o superior a tres años para adquisición de vivienda libre, que hubieran sido iniciadas o renovadas en el mes a que se refiriese el índice por los bancos (IRPH -Bancos), las cajas de ahorros (IRPH Cajas) o el conjunto de bancos, cajas de ahorros y sociedades de crédito hipotecario (IRPHEntidades)».

¿Se trata de una cláusula abusiva?

Dada la complejidad de su cálculo, en los últimos años, numerosos consumidores han reclamado la declaración de nulidad del IRPH con base en su posible carácter abusivo, siendo muchas de sus demandas estimadas en primera y segunda instancia. A continuación, se esboza la evolución del debate jurisprudencial.

Discrepancia de criterios: Tribunal Supremo *vs.* jurisprudencia menor

Desde su primer pronunciamiento al respecto, en **STS n.º 669/2017, de 14 de diciembre, ECLI:ES:TS:2017:4308**, el Supremo ha venido afirmando, en reiterada jurisprudencia, que el IRPH no es por sí mismo objeto de control judicial, al tratarse de un índice fijado conforme a disposiciones legales. A juicio de la Sala, solo cabría controlar, en calidad de condición general de la contratación, la cláusula que lo introduce en el contrato.

> «**Solamente puede controlarse que la condición general de la contratación por la que se incluye** en un contrato con consumidores **esa disposición** o previsión legal esté **redactada de un modo claro y comprensible** y sea **transparente**».

El Alto Tribunal ha mantenido dicho criterio a lo largo de numerosas sentencias, fallando a favor del banco al entender que la mera referenciación a un tipo oficial como es el IRPH, no implica directamente la falta de transparencia ni la abusividad de la cláusula que lo contiene. A dicho criterio se han ceñido resoluciones como:

- La **SAP de Alicante n.º 167/2018, de 11 de abril, ECLI:ES:APA:2018:711**, que expresamente reconoce que «Sobre esta cuestión este Tribunal ha mantenido una firme posición contraria a la nulidad de las cláusulas que fijan como índice de referencia el IRPH, posición que ha sido ratificada recientemente con la doctrina dada por la STS de Pleno 669/2017, de 14 de diciembre de 2017».

- La SAP de Barcelona n.º 841/2024, de 11 de noviembre, ECLI:ES:APB:2024:12854, que dispone que *«Ni la normativa española, ni la Directiva 93/13, ni la jurisprudencia que la desarrolla nos permiten realizar los controles de abusividad respecto de los tipos de referencia fijados por el regulador»*.

TJUE: pronunciamientos aclaratorios y apertura hacia la posibilidad de instar la nulidad de la cláusula IRPH

En su sentencia n.º C-125/18, de 3 de marzo de 2020, ECLI:EU:C:2020:138, el TJUE defiende una postura diferente a la del TS, señalando que las **cláusulas IRPH no reflejan disposición imperativa nacional alguna y que, por tanto, sí está sujeta** a la Directiva 93/13/CEE, del Consejo, de 5 de abril de 1993. En consecuencia, **la cláusula** ya no sólo deberá ser comprensible a nivel formal y gramatical, sino que también deberá permitir **que el consumidor medio esté en condiciones de comprender el modo de cálculo del tipo de interés y de valorar las consecuencias económicas de la cláusula sobre sus obligaciones financieras**. Además, permite al juez nacional **sustituir un índice abusivo por otro legal aplicable** si la anulación del contrato perjudica al consumidor (por ejemplo, por el Euríbor).

En la sentencia **n.º C-265/22, de 13 de julio de 2023, ECLI:EU:C:2023:578,** el Tribunal Europeo se pronunció sobre la determinación de la **posible abusividad** de la **cláusula de revisión periódica del tipo de interés** contenida en un contrato de préstamo hipotecario **por no informar claramente a los consumidores** sobre la **necesidad de aplicar al IRPH un diferencial negativo** a fin de igualarlo con la TAE (ya que el IRPH contiene las comisiones), de conformidad con lo expuesto en el preámbulo de la **Circular 5/1994, de 22 de julio:**

> «Los tipos medios de préstamos hipotecarios para adquisición de vivienda libre de los bancos y del conjunto de entidades, lo son de forma rigurosa, pues incorporan además el efecto de las comisiones. Por tanto, **su simple utilización directa como tipos contractuales** implicaría situar la tasa anual equivalente de la operación hipotecaria por encima del tipo practicado por el mercado. Para **igualar la TAE** de esta última con la del mercado sería necesario aplicar un **diferencial negativo**, cuyo valor variaría según las comisiones de la operación y la frecuencia de las cuotas».

Dada la referencia expresa de la Circular a la citada información, el TJUE presume su utilidad para el consumidor y atribuye al órgano jurisdiccional *«(...) comprobar si la obtención de esa información suponía llevar a cabo una actividad que, por pertenecer ya al ámbito de la investigación jurídica, no podía exigírsele razonablemente a un consumidor medio»*.

A través de esta sentencia, el TJUE enfatizó la necesidad de **transparencia** en las cláusulas, donde el **consumidor** debe ser **informado de manera clara** sobre la **relación entre los tipos** de interés aplicados.

Cabe mencionar también **la reciente** STJUE n.º C-300/23, de 12 de diciembre de 2024, ECLI:EU:C:2024:1026, que **abre la puerta a la impugnación** de este tipo de cláusulas por parte de los consumidores afectados, **con base en:**

- **Una interpretación extensiva del concepto de transparencia.** Para determinar si se cumplen los requisitos de transparencia, el juez nacional deberá tener en cuenta no sólo el contenido de la información proporcionada por el prestamista al consumidor, sino también que *«los elementos relativos al cálculo del índice de referencia resulten fácilmente asequibles por haber sido publicados (...)».* **La publicación solo podrá liberar al prestamista** de proporcionar información sobre la cláusula **cuando un consumidor medio**, normalmente informado y razonablemente atento y perspicaz estuviera en condiciones de **comprender** el funcionamiento del método de cálculo del tipo de interés variable, y **valorar** las consecuencias económicas de dicha cláusula. Por tanto, **la mera publicación del IRPH en el diario oficial no exime al prestamista de proporcionar información detallada al consumidor.**

- **Una interpretación del apartado 1 del artículo 3 de la Directiva 93/13 y del carácter abusivo de la cláusula.** En el caso de un contrato de préstamo hipotecario a tipo de interés variable en el que se prevea la adaptación periódica del tipo de interés tomando como referencia un índice oficial, *«(...) es pertinente comparar el método de cálculo del tipo de los intereses ordinarios previsto por esta cláusula y el tipo efectivo de esos intereses resultante con los métodos de cálculo generalmente aplicados y, en particular, con los tipos de interés aplicados en el mercado en la fecha en que se celebró el contrato en cuestión a un préstamo de un importe y una duración equivalentes a los de ese contrato. Otros aspectos del método de cálculo del tipo de interés contractual o del índice de referencia pueden ser pertinentes, si pueden crear un desequilibrio en detrimento del consumidor».*

- La **buena fe** del profesional **no puede presumirse** porque se trate de un índice oficial establecido por una autoridad administrativa y utilizado por las AA. PP. La apreciación del eventual carácter abusivo de tal cláusula debe hacerse en función de las circunstancias propias del caso, tomando en consideración, en particular, el incumplimiento del requisito de transparencia y comparando el método de cálculo del tipo de los intereses ordinarios previsto por esta cláusula y el tipo efectivo de esos intereses resultante con los métodos de cálculo generalmente aplicados y, entre otros, con los tipos de interés aplicados en el mercado en la fecha en que se celebró el contrato de préstamo en cuestión a un préstamo de un importe y una duración equivalentes a los de dicho contrato.

- **Si el contrato** de préstamo hipotecario a tipo de interés variable **no pudiese subsistir sin la cláusula abusiva** que preveía la adaptación periódica del tipo de interés en función del valor de un índice oficial, **cuando la anulación total del contrato dejara al consumidor expuesto a consecuencias perjudiciales**, el juez nacional podría **sustituir** la cláusula por una **disposición supletoria de Derecho nacional, siempre que esta tenga un alcance equivalente.** Sin embargo, el juez no podría alterar la cláusula añadiendo elementos compensatorios del desequilibrio. Cuando el contrato no pueda subsistir sin la cláusula abusiva, entiende el TJUE que no podría aplicarse una disposición de Derecho nacional en virtud de la cual el profesional tenga derecho a obtener la recuperación de la totalidad de la cantidad prestada más los intereses legales devengados desde la fecha en que se puso a disposición del consumidor esta cantidad.

Últimas sentencias del Tribunal Supremo tras los pronunciamientos del TJUE

El Tribunal Supremo español ha ajustado su doctrina respecto al control de transparencia y la posible abusividad de las cláusulas que incorporan el Índice de Referencia de Préstamos Hipotecarios (IRPH), especialmente tras los pronunciamientos del Tribunal de Justicia de la Unión Europea. En las sentencias más recientes, la **STS n.º 1590/2025, de 11 de noviembre, ECLI:ES:TS:2025:4876** y la **STS n.º 1591/2025, de 11 de noviembre, ECLI:ES:TS:2025:4838**, el TS ha establecido pautas para los tribunales nacionales y la práctica bancaria, reiterando que la abusividad del IRPH debe analizarse caso por caso y no puede presumirse automáticamente.

En cuanto al **control de transparencia**, el TS subraya que este exige que el consumidor medio pueda comprender el método de cálculo del IRPH y valorar las consecuencias económicas de la cláusula sobre sus obligaciones financieras. La publicación del índice en el Boletín Oficial del Estado (BOE) y la referencia a la normativa aplicable, como la Circular 5/1994, son elementos esenciales para garantizar la transparencia. Según el TS, la publicación en el BOE de la fórmula de cálculo del IRPH y sus valores permite que un consumidor razonablemente atento y perspicaz entienda el funcionamiento del índice. Por tanto, el banco cumple con el control de transparencia si menciona la normativa pertinente y facilita acceso a la información relevante, sin que sea obligatorio proporcionar comparativas con otros índices, como el Euríbor, ni prever la evolución futura del IRPH.

Respecto al **juicio de abusividad**, el TS concluye que el uso de un índice oficial aprobado por la autoridad bancaria no vulnera por sí mismo la buena fe, salvo que se demuestre que su evolución futura era necesariamente perjudicial para el prestatario y beneficiosa para la entidad prestamista. La Sala enfatiza que la abusividad debe evaluarse en el momento de la contratación del préstamo, comparando el tipo efectivo de los intereses ordinarios resultante de la aplicación de la cláusula que establece como índice de referencia el IRPH y el tipo efectivo de esos intereses resultante con los métodos de cálculo generalmente aplicados, y, entre otros, con los tipos de interés aplicados en el mercado en la fecha en que se celebró el contrato de préstamo en cuestión a un préstamo de un importe y una duración equivalentes a los de dicho contrato. Además, el TS recuerda que la falta de transparencia no implica automáticamente la abusividad de la cláusula, siendo necesario un análisis adicional para determinar si existe un desequilibrio importante en detrimento del consumidor, y que hay que atender a las circunstancias de cada caso para valorar aspectos que puedan crear un desequilibrio en detrimento del consumidor.

Por tanto, podemos concluir, que la postura actual del Tribunal Supremo se resume en los siguientes puntos:

- **Momento de valoración de la abusividad**: La evaluación debe realizarse en el momento de la contratación del préstamo, considerando todas las circunstancias concurrentes. Además, el carácter abusivo de una cláusula contractual se debe apreciar con referencia a todas las demás cláusulas del contrato.

- **Comparación de índices**: La abusividad no depende exclusivamente del índice de referencia (IRPH o Euríbor), sino del tipo de interés efectivo resultante, que incluye el diferencial aplicado contractualmente. La evolución posterior del índice no determina la abusividad.

- **Transparencia y buena fe**: La publicación del IRPH en el Boletín Oficial del Estado y la información sobre su evolución pasada son parámetros de transparencia. La falta de transparencia no implica automáticamente abusividad, pero permite valorar si la cláusula causa un desequilibrio importante en perjuicio del consumidor.

- **Desequilibrio y buena fe**: Para determinar la abusividad, se analiza si la cláusula genera un desequilibrio importante entre las partes y si contraviene las exigencias de buena fe. La oferta de un índice oficial aprobado por la autoridad bancaria no vulnera por sí misma la buena fe.

3.1. La STS de 14 de diciembre de 2017: primer fallo del TS sobre la validez del IRPH

El Índice de Referencia de Préstamos Hipotecarios (IRPH) es un índice de referencia oficial distinto del Euribor, previsto en las cláusulas de numerosos contratos de préstamo hipotecario a tipo variable. Su fórmula matemática de cálculo es compleja, por lo que el carácter abusivo de las cláusulas contractuales que lo recogen ha sido objeto de debate jurisprudencial en los últimos años.

La STS n.º 669/2017, de 14 de diciembre, ECLI:ES:TS:2017:4308 se pronunció por primera vez acerca de la validez de una cláusula IRPH, determinando que, como condición general de la contratación, **si no se puede calificar de abusiva de acuerdo con los controles de incorporación y transparencia, no podrá ser declarada nula.**

El primer fallo del Tribunal Supremo sobre la validez del IRPH

Mediante la sentencia n.º 669/2017, de 14 de diciembre, ECLI:ES:TS:2017:4308, nuestro Alto Tribunal se pronunció por primera vez sobre la validez de las cláusulas IRPH presentes en los contratos de préstamo hipotecario a tipo variable.

> **A TENER EN CUENTA.** El IRPH es un índice de referencia oficial previsto en numerosos contratos de préstamo hipotecario a tipo variable cuya fórmula de cálculo es compleja, por lo que la validez de las cláusulas que lo contemplan ha sido reiteradamente cuestionada ante los tribunales a lo largo de los últimos años.

El Tribunal Supremo en su fallo estima el recurso de casación interpuesto por una entidad bancaria contra la SAP de Álava n.º 85/2016, de 10 de marzo, ECLI:ES:APVI:2016:12, en virtud de la cual se había condenado al banco a reintegrar al cliente la cantidad abonada concepto de intereses derivados de un contrato de préstamo hipotecario. Dichos intereses resultaban de la aplicación de una cláusula IRPH considerada abusiva tanto en primera como en segunda instancia.

Antecedentes: apreciación del carácter abusivo de la cláusula IRPH en 1.ª y 2.ª instancia

Tanto la sentencia de instancia como la de apelación fallaron a favor del consumidor, declarando nula la cláusula IRPH por su carácter abusivo basado en la falta de transparencia.

Sentencia del Juzgado de Primera Instancia de Vitoria-Gasteiz n.º 158/15, de 15 de junio, ECLI:ES:JPI:2015:433

La *litis* tiene su origen en la interposición de demanda por parte del cliente frente a la entidad bancaria, en reclamación de la cantidad abonada en concepto de intereses por el préstamo hipotecario del que era deudor. En su demanda, el reclamante instó la declaración de nulidad de la **cláusula IRPH**, por entenderla **abusiva**, al tratarse de una **condición general de la contratación no negociada individualmente** que causaba un **desequilibrio** importante entre los derechos y obligaciones de las partes, en detrimento del consumidor. (Directiva 93/13/CEE del Consejo, de 5 de abril de 1993 y TRLGDCU).

Según esclarece el juzgador de instancia «*(...) en el cálculo de los tipos de interés que se van a utilizar para la determinación del IRPH se incluyen las comisiones y demás gastos que los clientes se han visto obligados a pagar a la entidad (...) El prestatario, además de soportar esa media de las comisiones y gastos abonados por otros prestatarios en sus préstamos, tendrá que abonar las propias comisiones y gastos de su propio préstamo. Así lo reconoce expresamente la propia Circular 5/94 (...) Por tanto su simple utilización directa como tipos contractuales implicará situar la tasa anual equivalente de la operación hipotecaria por encima del tipo practicado por el mercado'. Y por ello, añade: 'Para igualar la TAE de esta última con la del mercado sería necesario aplicar un diferencial negativo, cuyo valor variaría según las comisiones de la operación y la frecuencia de las cuotas*».

Determinado el alcance del IRPH, la sentencia concluye que **la cláusula** que lo contiene **no supera los requisitos de transparencia** del artículo 3 de la Directiva 93/13/CEE del Consejo, de 5 de abril de 1993.

«(...) **la transparencia** en la contratación seriada con consumidores **no se reduce a una mera comprensión gramatical**, no basta con que el empresario predisponente informe al consumidor de que en su préstamo se va a aplicar un tipo de referencia oficial denominado IRPH (...) **debería explicarse al consumidor el funcionamiento concreto del IRPH y su relación con el resto de cláusulas** del préstamo **que determinan obligaciones** a su cargo. No hay información alguna al respecto».

En consecuencia, la sentencia del JPI de Vitoria-Gasteiz n.º 158/15, de 15 de junio, ECLI:ES:JPI:2015:433, falla la estimación íntegra de la demanda, declarando la **nulidad** de la **cláusula IRPH** y condenando retroactivamente al banco a devolver al cliente las cantidades abonadas en concepto de intereses.

Sentencia de la Audiencia Provincial de Álava n.º 85/2016, de 10 de marzo, ECLI:ES:APVI:2016:12

Disconforme con el fallo, la entidad bancaria apela la resolución ante la Audiencia Provincial de Álava que desestima el recurso, **confirmando** la sentencia del juzgado de primera instancia respecto a la **nulidad** de la cláusula IRPH.

En consecuencia, la AP de Álava aludiendo al TJUE el cual «*(...) ha deducido de la redacción del artículo 6, apartado 1, de la Directiva 1993/13/CEE, que los jueces nacionales están obligados a dejar sin aplicación la cláusula contractual abusiva, a fin de que ésta no produzca efectos vinculantes para el consumidor, sin estar facultados para modificar el contenido de la misma*», declara la subsistencia del contrato despojado de la cláusula abusiva, basándose en el apartado 1 del artículo 7 de la Directiva 1993/13/CEE, en relación con su vigésimo cuarto considerando, «*(...) que impone a los Estados miembros la obligación de prever medios adecuados y eficaces para que* **cese el uso de cláusulas abusivas** *en los contratos celebrados entre profesionales y consumidores, al considerar que si el juez nacional tuviera la facultad de modificar el contenido de las cláusulas abusivas que figuran en tales contratos, dicha facultad podría poner en peligro la consecución del objetivo a largo plazo previsto en dicho precepto*», y **confirma la condena impuesta a la entidad** a devolver, retroactivamente, el importe de los intereses calculados según el IRPH y al pago de las costas procesales.

Criterio del Tribunal Supremo: «la mera referenciación a un tipo oficial como es el IRPH, no implica falta de transparencia ni abusividad»

Como se avanzaba al principio, la sentencia del Tribunal Supremo n.º 669/2017, de 14 de diciembre, ECLI:ES:TS:2017:4308, cambia de criterio con respecto a las sentencias de instancia y de apelación, pronunciándose sobre la validez del IRPH en sentido positivo. El Alto Tribunal falla a favor del banco al entender que **la mera referenciación a un tipo oficial como es el IRPH, no implica falta de transparencia ni abusividad**.

Para alcanzar esta conclusión, el Tribunal Supremo analiza el carácter de condición general de la cláusula IRPH y la obligación del prestamista de informar adecuadamente al cliente sobre tal índice y su funcionamiento, teniendo en cuenta el contexto del mercado de créditos y las diferencias entre el IRPH y otros índices. La Sala concluye que, aunque el IRPH es un índice oficial y se puede utilizar, **el prestatario debe ser informado adecuadamente de su funcionamiento, evolución y comparativa con otros índices** disponibles, como el Euribor, **para garantizar un consentimiento informado y una relación contractual equilibrada**.

La decisión del Alto Tribunal responde a las siguientes cuestiones sobre la cláusula IRPH que iremos desgranando a continuación:

- ¿Es una condición general de la contratación?
- ¿Supera el control de inclusión?
- ¿Supera el control de transparencia?

‖ ¿Es la cláusula IRPH una condición general de la contratación?

El primer motivo del recurso de casación denuncia la infracción del artículo 1 de la Ley de Condiciones Generales de la Contratación (LCGC), que define las **condiciones generales** de la contratación de la siguiente manera:

> «1. Son condiciones generales de la contratación las **cláusulas predispuestas** cuya incorporación al contrato sea impuesta por una de las partes, con independencia de la autoría material de las mismas, de su apariencia externa, de su extensión y de cualesquiera otras circunstancias, habiendo sido **redactadas con la finalidad de ser incorporadas a una pluralidad de contratos**.
> 2. El hecho de que ciertos elementos de una cláusula o que una o varias cláusulas aisladas se hayan negociado individualmente no excluirá la aplicación de esta Ley al resto del contrato si la apreciación global lleva a la conclusión de que se trata de un contrato de adhesión».

Para la entidad recurrente, la sentencia de la Audiencia Provincial de Álava calificó incorrectamente el tipo de interés remuneratorio como condición general de la contratación, cuando en realidad se trataba de un **elemento esencial del contrato de préstamo**, que siempre es negociado entre la entidad y los clientes, y por lo tanto no cumple con los requisitos del artículo 1 LCGC. **La Sala**, sin embargo, **desestima este motivo y concluye que la cláusula** en cuestión **sí reúne los requisitos necesarios para ser considerada una condición general de la contratación**. Estos son:

> «a) **Contractualidad**: se trata de «cláusulas contractuales» y su inserción en el contrato no deriva del acatamiento de una norma imperativa que imponga su inclusión.
> b) **Predisposición**: la cláusula ha de estar prerredactada, siendo irrelevante que lo haya sido por el propio empresario o por terceros, por lo que no es fruto del consenso alcanzado después de una fase de tratos previos. En particular, en el caso de los contratos de adhesión.
> c) **Imposición**: su incorporación al contrato debe ser impuesta por una de las partes. Aunque la norma no lo exige de forma expresa, dada su vocación de generalidad, debe ser impuesta por un empresario, de tal forma que el bien o servicio sobre el que versa el contrato no pueda obtenerse más que mediante el acatamiento a la inclusión en el mismo de la cláusula.

d) **Generalidad**: las cláusulas deben estar incorporadas a una pluralidad de contratos o estar destinadas a tal fin, ya que se trata de modelos de declaraciones negociales que tienen la finalidad de disciplinar uniformemente los contratos que van a realizarse».

Con remisión a la STS n.º 222/2015, de 29 de abril, ECLI:ES:TS:2015:2207, entre otras, el Alto Tribunal advierte: «*como* **conceptualmente no es imposible** *que una cláusula en la que se establece el interés remuneratorio de un contrato de préstamo sea una condición general de la contratación, y como no consta que la que aquí nos ocupa fuera negociada individualmente,* **debe considerarse que tiene tal cualidad de condición general, en tanto que reúne todos y cada uno de los requisitos**».

A TENER EN CUENTA. Comparten este criterio las siguientes sentencias:

- STJUE n.º C- 144/99, de 10 de mayo de 2001, ECLI:EU:C:2001:257.
- STJUE n.º C-154/15, C-307/15 y C- 308/15, de 21 de diciembre de 2016, ECLI:EU:C:2016:980.
- STJUE n.º C-186/16, de 20 de septiembre de 2017, ECLI:EU:C:2017:703.
- STS n.º 241/2013, de 9 de mayo, ECLI:ES:TS:2013:1916.
- STS n.º 265/2015, de 22 de abril, ECLI:ES:TS:2015:1723.
- STS n.º 166/2014, de 7 de abril, ECLI:ES:TS:2014:1702.
- STS n.º 222/2015, de 29 de abril, ECLI:ES:TS:2015:2207.

|| Control de inclusión

El control de inclusión o incorporación es **aplicable a las condiciones generales de la contratación** para asegurar los siguientes extremos:

- Que el predisponente (la parte que redacta el contrato) cumple con ciertos requisitos para que las condiciones generales se integren en el contrato.
- Que el adherente (la parte que acepta el contrato) haya tenido la oportunidad de conocer las cláusulas del contrato con garantías mínimas de comprensión.

El artículo 5 de la LCGC establece los **requisitos para que las condiciones generales sí se entiendan incorporadas** al contrato, disponiendo que:

- El contrato debe referirse a las condiciones generales incorporadas.
- Se incorporan cuando el adherente las acepta y el contrato es firmado por todas las partes. No se considera que el adherente ha aceptado las condiciones generales si no ha sido informado expresamente de su existencia y no se le ha proporcionado un ejemplar.
- Las cláusulas deben redactarse con transparencia, claridad, concreción y sencillez.

El artículo 7 de la LCGC establece **cuándo las condiciones generales no se entienden incorporadas** al contrato:

- Si el adherente no tuvo la oportunidad real de conocerlas completamente al momento de la celebración del contrato o si no fueron firmadas cuando era necesario.

- Si las cláusulas son ilegibles, ambiguas, oscuras o incomprensibles, a menos que hayan sido aceptadas por escrito y cumplan con la normativa de transparencia.

En primer lugar, se verifica la no concurrencia de las circunstancias excluyentes del artículo 7 de la LCGC para, en segundo lugar, comprobar que la cláusula reúne los requisitos de incorporación del artículo 5 de la LCGC. De este control se deduce, en el presente caso, que la cláusula se halla incorporada al contrato. La sala considera que esta es clara y comprensible a nivel gramatical, y permite al prestatario conocer, comprender y aceptar válidamente que el interés variable de su préstamo hipotecario se calcula con referencia a un tipo fijado y controlado por el Banco de España.

Control de transparencia: el índice IRPH no es objeto del control de transparencia, pero sí lo es la cláusula que lo contiene

El control de transparencia es **aplicable a las condiciones generales de la contratación de contratos celebrados con consumidores**.

Fundándose en la Directiva 93/13/CE del Consejo, la LCGC y el TRLGDCU, el Supremo señala que **el IRPH no es susceptible de control judicial de transparencia,** porque compete **a las AA. PP.:**

- **Fiscalizar** el modo en el que se ha fijado un índice de referencia legalmente predeterminado.

- **Analizar** si ese índice puede ser manipulado por las entidades financieras.

- **Valorar** si en la configuración del índice se han podido tener en cuenta elementos no adecuados.

Por tanto, en virtud del artículo 4 de la LCGC y del artículo 1.2 de la Directiva 93/13/CE, **no puede controlarse judicialmente el carácter abusivo del IRPH**. Sin embargo, a tenor de los citados preceptos, **sí cabe el control de transparencia de la cláusula que lo contiene.** En este sentido, el Alto Tribunal entiende que la cláusula IRPH **es transparente,** tras valorar que el consumidor había sido informado de:

- El carácter de **elemento esencial** del contrato de la cláusula IRPH.

- El **sistema de cálculo** del interés variable

Por tanto, según esta sentencia:

> «(...) **no cabe considerar que el consumidor no se apercibiera de su importancia económica y jurídica y que** pudiera conocer que el interés resultante en dicho periodo **se calculaba mediante la aplicación de un índice oficial** consistente en una media de los índices hipotecarios de todas las entidades que actuaban en España al que se sumaba un margen o diferencial».

La Sala considera el conocimiento del **IRPH** como *«fácilmente accesible para un consumidor medio, normalmente informado y razonablemente atento y perspicaz»* y, **a los efectos del control de transparencia, exime a la entidad financiera de tener que**:

- Dar la opción de elegir entre varios de los índices oficiales, puesto que *«La transparencia en la contratación mediante condiciones generales no exige que el predisponente tenga una oferta más o menos amplia. Basta con que el adherente pueda conocer sin especiales esfuerzos cuál era el índice de referencia, de entre los varios admitidos legalmente, que se utilizaba por el predisponente en el contrato en cuestión, y el diferencial a aplicar sobre tal índice que utilizaba el predisponente para el cálculo del interés remuneratorio del préstamo ofertado».*

- Explicar pormenorizadamente cómo se determina el índice de referencia, al estar su elaboración bajo supervisión del Banco de España: *«Los índices de referencia aplicables a los préstamos hipotecarios se supervisan por el Banco de España y se publican mensualmente en el Boletín Oficial del Estado, por lo que se trata de una información pública y accesible para cualquiera. Además, se publican de forma agrupada, por lo que es posible confrontarlos entre sí».*

- Explicar el comportamiento futuro del IRPH, *«(...) por definición es imposible (...) lo único de lo que podría haberse informado, además de lo que se informó (...), era que si el IRPH evolucionaba más desfavorablemente que el Euribor, podría ser peor para el demandante, (...). Pero eso era una obviedad».*

Fallo: la cláusula IRPH no es automáticamente abusiva. Puede ser válida si cumple los requisitos de transparencia

Tras entender que la cláusula controvertida supera el control de transparencia, la STS n.° 669/2017, de 14 de diciembre, ECLI:ES:TS:2017:4308, considera que la resolución de la Audiencia Provincial de Álava infringe los artículos 80.1 y 82 del TRLGCU y 4.2 de la Directiva 93/13/CEE del Consejo, de 5 de abril de 1993.

Artículo 80 del TRLGCU

«1. En los contratos con consumidores y usuarios que utilicen cláusulas no negociadas individualmente, incluidos los que promuevan las Administraciones públicas y las entidades y empresas de ellas dependientes, aquéllas deberán cumplir los siguientes requisitos:

a) **Concreción, claridad y sencillez en la redacción**, con posibilidad de comprensión directa, sin reenvíos a textos o documentos que no se faciliten previa o simultáneamente a la conclusión del contrato, y a los que, en todo caso, deberá hacerse referencia expresa en el documento contractual.

b) **Accesibilidad y legibilidad**, de forma que permita al consumidor y usuario el conocimiento previo a la celebración del contrato sobre su existencia y contenido. En ningún caso se entenderá cumplido este requisito si el tamaño de la letra del contrato fuese inferior a los 2.5 milímetros, el espacio entre líneas fuese inferior a los 1.15 milímetros o el insuficiente contraste con el fondo hiciese dificultosa la lectura.

c) **Buena fe y justo equilibrio entre los derechos y obligaciones de las partes**, lo que en todo caso excluye la utilización de cláusulas abusivas».

Artículo 82 del TRLGDCU

«1. Se considerarán cláusulas abusivas todas aquellas estipulaciones no negociadas individualmente y todas aquéllas prácticas no consentidas expresamente que, en contra de las exigencias de la buena fe causen, en perjuicio del consumidor y usuario, un desequilibrio importante de los derechos y obligaciones de las partes que se deriven del contrato.

2. El hecho de que ciertos elementos de una cláusula o que una cláusula aislada se hayan negociado individualmente no excluirá la aplicación de las normas sobre cláusulas abusivas al resto del contrato.

El empresario que afirme que una determinada cláusula ha sido negociada individualmente, asumirá la carga de la prueba.

3. El carácter abusivo de una cláusula se apreciará teniendo en cuenta la naturaleza de los bienes o servicios objeto del contrato y considerando todas las circunstancias concurrentes en el momento de su celebración, así como todas las demás cláusulas del contrato o de otro del que éste dependa.

4. No obstante lo previsto en los apartados precedentes, en todo caso son abusivas las cláusulas que, conforme a lo dispuesto en los artículos 85 a 90, ambos inclusive:

a) vinculen el contrato a la voluntad del empresario,

b) limiten los derechos del consumidor y usuario,

c) determinen la falta de reciprocidad en el contrato,

d) impongan al consumidor y usuario garantías desproporcionadas o le impongan indebidamente la carga de la prueba,

e) resulten desproporcionadas en relación con el perfeccionamiento y ejecución del contrato, o

f) contravengan las reglas sobre competencia y derecho aplicable».

Artículo 4 de la Directiva 93/13/CEE del Consejo, de 5 de abril de 1993

«2. La apreciación del carácter abusivo de las cláusulas no se referirá a la definición del objeto principal del contrato ni a la adecuación entre precio y retribución, por una parte, ni a los servicios o bienes que hayan de proporcionarse como contrapartida, por otra, siempre que dichas cláusulas se redacten de manera clara y comprensible».

En consecuencia, en su sentencia, el Tribunal Supremo decide:

- Estimar el recurso de casación formulado por la entidad bancaria contra la sentencia de la AP de Álava n.º 85/2016, de 10 de marzo, ECLI:ES:APVI:2016:12, que queda anulada.

- Estimar en parte el recurso de apelación interpuesto por el banco contra la sentencia del JPI de Vitoria-Gasteiz n.º 158/15, de 15 de junio, ECLI:ES:JPI:2015:433, únicamente con respecto al pronunciamiento sobre la cláusula de interés remuneratorio, al no haber sido objeto de impugnación en el recurso de casación el pronunciamiento relativo a la nulidad de la cláusula de intereses moratorios, que se declara firme.

Así, se declara la **validez de la cláusula IRPH como forma de calcular el interés remuneratorio del préstamo, por cuanto, como condición general de la contratación, es transparente y no abusiva**.

3.2. La STJUE n.º C-125/18, de 3 de marzo de 2020: posible abusividad del IRPH

La posible abusividad del IRPH

La **sentencia del TJUE n.º C-125/18, de 3 de marzo de 2020, ECLI:EU:C:2020:138**, tiene importantes implicaciones en las prácticas legales en el ámbito del derecho del consumidor, en especial en lo respectivo a los contratos de préstamo hipotecario en España. Las principales consecuencias de esta sentencia son las siguientes:

1. Refuerzo de la protección del consumidor.
2. Control de contenido de cláusulas contractuales.
3. Sustitución de cláusulas abusivas.
4. Potenciación de la transparencia.

1. Refuerzo de la protección del consumidor

La sentencia subraya la importancia de proteger al consumidor en situaciones de asimetría de poder en las relaciones contractuales, donde las entidades financieras, como profesionales, tienen la supremacía en la redacción de los contratos. Esto implica que futuras legislaciones tendrán que contemplar mecanismos más robustos que garanticen la transparencia y la equidad en el acceso a la información relacionada con los contratos hipotecarios.

En la misma se hace cita del **Real Decreto Legislativo 1/2007, de 16 de noviembre, por el que se aprueba el texto refundido de la Ley General para la Defensa de los Consumidores y Usuarios y otras leyes complementarias**, concretamente del **artículo 8** del mismo, que establece lo siguiente:

> «Son derechos básicos de los consumidores y usuarios:
> [...]
> b La protección de sus legítimos intereses económicos y sociales; en particular frente a las prácticas comerciales desleales y la inclusión de cláusulas abusivas en los contratos».

2. Control de contenido de cláusulas contractuales

El TJUE establece que incluso cláusulas que son claras y comprensibles deben ser evaluadas por los jueces nacionales para comprobar su carácter no abusivo. Esto podría llevar a una mayor intervención judicial en la revisión de contratos estándar, lo que fomentaría la creación de normativas que regulen de manera más rigurosa las cláusulas que afectan los derechos de los consumidores.

En este sentido, esta sentencia manifiesta lo que sigue:

> «Resulta oportuno recordar a tal efecto que, según reiterada jurisprudencia, el sistema de protección establecido por la Directiva 93/13 se basa en la idea de que el consumidor se halla en situación de inferioridad respecto al profesional, tanto en lo relativo a la capacidad de negociación como al nivel de información, situación que le lleva a adherirse a las condiciones redactadas de antemano por el profesional sin poder influir en el contenido de las mismas (...).
>
> Habida cuenta de tal situación de inferioridad, la Directiva 93/13 obliga a los Estados miembros a establecer un mecanismo que asegure que toda cláusula contractual no negociada individualmente pueda ser controlada para apreciar su eventual carácter abusivo. En este contexto incumbe al juez nacional, atendiendo a los criterios enunciados en el artículo 3, apartado 1, y en el artículo 5 de la Directiva 93/13, determinar si, dadas la circunstancias propias del caso concreto, la cláusula en cuestión cumple las exigencias de buena fe, equilibrio y transparencia que impone dicha Directiva».

3. Sustitución de cláusulas abusivas

La posibilidad de que los jueces sustituyan un índice abusivo como es el IRPH por uno más favorable, como el euríbor, establece un precedente importante. Esto modifica la práctica legal, pues da a los jueces un rol activo en la protección de los derechos de los consumidores, permitiendo una adaptación flexible de los contratos en caso de que contengan cláusulas abusivas. Así se entiende según el tenor de la citada **STJUE n.º C-125/18**:

> «No obstante, el Tribunal de Justicia ya ha declarado que, en una situación en la que un contrato celebrado entre un profesional y un consumidor no puede subsistir tras la supresión de una cláusula abusiva, el artículo 6, apartado 1, de la Directiva 93/13 no se opone a que el juez nacional, en aplicación de principios del Derecho de los contratos, suprima la cláusula abusiva sustituyéndola por una disposición supletoria de Derecho nacional en aquellos casos en que la declaración de nulidad de la cláusula abusiva obligue al juez a anular el contrato en su totalidad, quedando expuesto así el consumidor a consecuencias especialmente perjudiciales, que representen para este una penalización (...).
>
> A este respecto, el Tribunal de Justicia ha declarado que tal sustitución de una cláusula abusiva por una disposición supletoria de Derecho nacional queda plenamente justificada a la luz de la finalidad de la Directiva 93/13. En efecto, se ajusta al objetivo del artículo 6, apartado 1, de la Directiva 93/13, ya que esta disposición pretende reemplazar el equilibrio formal que el contrato establece entre los derechos y obligaciones de las partes por un equilibrio real que pueda restablecer la igualdad entre estas, y no anular todos los contratos que contengan cláusulas abusivas.

(...)

Por consiguiente, procede considerar que, en una situación en la que un contrato de préstamo hipotecario celebrado entre un profesional y un consumidor no puede subsistir tras la supresión de una cláusula abusiva que se refiere a un índice legal de cálculo del tipo de interés variable aplicable al préstamo, el artículo 6, apartado 1, de la Directiva 93/13 no puede interpretarse en el sentido de que se opone a que el juez nacional, con el fin de evitar la nulidad del contrato, sustituya esa cláusula por un índice establecido como supletorio por el Derecho nacional, en la medida en que la anulación del contrato exponga al consumidor a consecuencias especialmente perjudiciales (...).

En el caso de autos la cláusula controvertida establece que el cálculo del tipo de interés variable se basará en el IRPH de las cajas de ahorros. No obstante, de la documentación de que dispone el Tribunal de Justicia resulta que este índice legal, previsto por la Circular 8/1990, fue reemplazado, en virtud de la disposición adicional decimoquinta de la Ley 14/2013, de 27 de septiembre de 2013, por un índice sustitutivo que el Gobierno español califica de "supletorio". En efecto, sin perjuicio de la comprobación que lleve a cabo el juzgado remitente, la disposición adicional citada establece que se aplicará dicho índice sustitutorio en defecto de otro acuerdo diferente entre las partes del contrato.

En este contexto, en el supuesto de que el juzgado remitente constatara, en primer lugar, el carácter abusivo de la cláusula controvertida; en segundo lugar, que el contrato de préstamo hipotecario sobre el que versa el litigio principal no podría sobrevivir sin tal cláusula, y, en tercer lugar, que debido a la anulación del contrato el demandante en el litigio principal quedaría expuesto a consecuencias especialmente perjudiciales, podría reemplazar la cláusula controvertida por el índice sustitutivo contemplado en la Ley 14/2013, siempre que pueda considerarse que con arreglo al Derecho nacional el referido índice tiene carácter supletorio».

4. Potenciación de la transparencia

Se enfatiza la importancia de que las cláusulas contractuales sean redactadas de manera que no solo sean claras, sino que proporcionen toda la información necesaria para que el consumidor comprenda las consecuencias financieras de sus decisiones. Este enfoque podría llevar a que las entidades financieras adopten prácticas más transparentes, incluyendo información detallada sobre índices, comisiones y cualquier otro factor que afecte al coste total del préstamo. Así:

«A ese respecto, como observó el Abogado General en los puntos 106 a 109 de sus conclusiones, según reiterada jurisprudencia del Tribunal de Justicia relativa a la exigencia de transparencia, tiene una importancia fundamental para el consumidor disponer, antes de la celebración de un contrato, de información sobre las condiciones contractuales y las consecuencias de la celebración del contrato. En función, principalmente, de esa información el consumidor decide si desea quedar vinculado contractualmente adhiriéndose a las condiciones redactadas de antemano por el profesional (...).

De ello se deduce que, como ya se ha señalado en el apartado 46 de la presente sentencia, la exigencia de transparencia de las cláusulas contractuales, tal como resulta de los artículos 4, apartado 2, y 5 de la Directiva 93/13, no puede reducirse exclusivamente a su carácter comprensible en un plano formal y gramatical. Toda vez que el sistema de protección establecido por dicha Directiva se basa en la idea de que el consumidor se halla en situación de inferioridad respecto al profesional en lo relativo, en particular, al nivel de información, la mencionada exigencia de redacción clara y comprensible de las cláusulas contractuales y, por tanto, de transparencia, a que obliga la propia Directiva, debe interpretarse de manera extensiva».

Interpretación de la Directiva 93/13/CEE del Consejo, de 5 de abril de 1993, sobre las cláusulas abusivas en los contratos celebrados con consumidores

En la citada sentencia del TJUE n.º C-125/18, se plantean 3 cuestiones prejudiciales que son las siguientes y cuyas respuestas pasan a formar el fallo de esta sentencia:

«1) [El IRPH de las cajas de ahorro] ¿debe ser objeto de tutela por el juzgador, en el sentido de examinar que sea comprensible para el consumidor, sin que sea óbice el que esté regulado por disposiciones reglamentarias o administrativas, al no ser este un supuesto previsto en el artículo 1, apartado 2, de la Directiva 93/13, ya que no se trata de una disposición obligatoria sino que se incorpora tal interés variable y remuneratorio opcionalmente por el profesional del contrato?

2) a) Conforme al artículo 4, apartado 2, de la Directiva 93/13, no transpuest[o] en nuestro ordenamiento, ¿resulta contrario a la Directiva 93/13 y a su artículo 8 que un órgano jurisdiccional español invoque y aplique el artículo 4, apartado 2, de la misma cuando tal disposición no ha sido transpuesta a nuestro ordenamiento por voluntad del legislador, que pretendió un nivel de protección completo respecto de todas las cláusulas que el profesional pueda insertar en un contrato suscrito con consumidores, incluso las que afectan al objeto principal del contrato, incluso si estuvieran redactadas de manera clara y comprensible?

b) En todo caso, ¿es necesario transmitir información o publicidad sobre los siguientes hechos o datos, o alguno de ellos, para la comprensión de la cláusula esencial, en concreto del IRPH [de las cajas de ahorros]?

i) Explicar cómo se configura [...] el tipo de referencia, es decir, informar que este índice incluye las comisiones y demás gastos sobre el interés nominal, que se trata de una media simple no ponderada, que el profesional [debe] conocer y transmitir que [debe] aplicar un diferencial negativo y que los datos proporcionados no son públicos, en comparación con el otro habitual, el euríbor.

ii) Explicar cómo evolucionó en el pasado y podría evolucionar en el futuro, informando y publicitando aquellas gráficas que expliquen de manera clara y comprensible al consumidor la evolución de este tipo específico en relación con el euríbor, tipo habitual de los préstamos con garantía hipotecaria.

c) Y de concluir el TJUE que incumbe al órgano judicial remitente [examinar] el carácter abusivo de las cláusulas contractuales y deducir todas las consecuencias conforme a su Derecho nacional, se pregunta al Tribunal si la falta de información de todos ellos, ¿no supondría la falta de comprensión de la cláusula al no ser clara para el consumidor medio, artículo 4, apartado 2, de la Directiva 93/13, o que su omisión conllevaría un trato desleal por parte del profesional y que, por lo tanto, el consumidor de ser informado conveniente[mente] no hubiera aceptado referenciar su préstamo al IRPH [de las cajas de ahorros]?

3) Si se declara la nulidad del IRPH [de las cajas de ahorros], ¿cuál de las dos consecuencias siguientes, en defecto de pacto o si este resultase más perjudicial para el consumidor, sería conforme a los artículos 6, apartado 1, y 7, apartado 1, de la Directiva 93/13?

i) La integración del contrato, aplicando un índice sustitutorio habitual, el euríbor, al tratarse de un contrato esencialmente vinculado a un interés productivo a favor de la entidad, [quien tiene la condición de] profesional.

ii) Dejar de aplicar el interés, con la única obligación de devolver el capital prestado en los plazos estipulados por parte del prestatario o deudor».

En cuando a la **primera cuestión prejudicial**, referida al IRPH de las cajas de ahorro, el TJUE determina que el artículo 1, apartado 2, de la Directiva 93/13 ha de interpretarse en el sentido de que, sí se comprende en el ámbito de aplicación de la misma una cláusula de un contrato de préstamo hipotecario celebrado entre un consumidor y un profesional que estipule que el tipo de interés aplicable al préstamo se base en uno de los índices de referencia oficiales que se establecen en la normativa nacional que las entidades de crédito pueden aplicar a los préstamos hipotecarios, cuando dicha normativa no establezca ni la aplicación imperativa del índice en cuestión independientemente de la elección de las partes en el contrato así como tampoco su aplicación supletoria para el caso en el que las partes no hayan pactado ora cosa.

En cuanto a la **segunda cuestión prejudicial**, hay varias consideraciones. En lo relativo al apartado a), se concluye que la Directiva 93/13, concretamente los artículos 4, apartado 2, y 8, se deben interpretar en el sentido de que los tribunales de un Estado miembro están obligados a examinar el carácter claro y comprensible de una cláusula contractual referida al objeto principal del contrato, independientemente de la transposición del apartado 2 del artículo 4 de la citada Directiva al ordenamiento jurídico de ese Estado miembro. Por otro lado, para los apartados b) y c), el TJUE considera que la Directiva 93/13 —artículos 4, apartado 2, y 5— debe interpretarse de la siguiente manera:

«(...) para cumplir con la exigencia de transparencia de una cláusula contractual que fija un tipo de interés variable en un contrato de préstamo hipotecario, dicha cláusula no solo debe ser comprensible en un plano formal y gramatical, sino también permitir que el consumidor medio, normalmente informado y razonablemente atento y perspicaz, esté en condiciones de comprender el funcionamiento concreto del modo de cálculo del referido tipo de interés y de valorar así, basándose en criterios precisos y comprensibles, las consecuencias económicas, potencialmente significativas, de dicha cláusula sobre sus obligaciones financieras. Constituyen elementos especialmente pertinentes para la valoración que el juez nacional debe efectuar a este respecto, por un lado, la circunstancia de que los elementos principales relativos al cálculo del mencionado tipo de interés resulten fácilmente asequibles a cualquier persona que tenga intención de contratar un préstamo hipotecario, dada la publicación del modo de cálculo de dicho tipo de interés, y, por otro lado, el suministro de información sobre la evolución en el pasado del índice en que se basa el cálculo de ese mismo tipo de interés».

Finalmente, en cuanto a la **tercera cuestión prejudicial**, el TJUE tiene a bien considerar que los artículos 6, apartado 1, y 7, apartado1, de la Directiva 93/13 deben ser interpretados en el sentido de que no se oponen a que, en caso de que se declare la nulidad de una cláusula contractual abusiva que fija un índice de referencia para el cálculo de los intereses variables de un préstamo, el juez nacional lo sustituya por un índice legal aplicable en caso de no haber acuerdo en contrario de las partes del contrato, siempre que dicho contrato de préstamo hipotecario no pudiese subsistir si se suprime la cláusula abusiva y que dicha anulación del contrato en su totalidad dejase al consumidor expuesto a una serie de consecuencias que serían especialmente perjudiciales.

3.3. Las SSTS de 12 de noviembre de 2020: inexistencia de abusividad en los préstamos hipotecarios referenciados al IRPH

Jurisprudencia del Tribunal Supremo sobre la inexistencia de abusividad en los préstamos hipotecarios referenciados al IRPH

En este tema se analizarán cuatro sentencias del Tribunal Supremo que han sido pioneras en materia de declarar la inexistencia de abusividad en los préstamos hipotecarios referenciados al Índice de Referencia de Préstamos Hipotecarios (IRPH).

|| Sentencia del Tribunal Supremo n.º 595/2020, de 12 de noviembre

Para conocer el contexto de la **sentencia del Tribunal Supremo n.º 595/2020, de 12 de noviembre, ECLI:ES:TS:2020:3616**, los hechos podrían resumirse en los siguientes puntos:

- Se suscribe un préstamo hipotecario con un tipo de interés variable referenciado al índice IRPH Cajas, con un diferencial del 0,25 %.
- Se interpone demanda contra la entidad, en la que se solicita la declaración de nulidad por abusivas de varias de las cláusulas del contrato y la que determinaba el interés del préstamo conforme al índice del IRPH.

- Se desestima la demanda por considerarse que el IRPH era un interés admitido legalmente, normado y regulado por la autoridad bancaria, y que la cláusula que lo incorporaba al contrato era clara y transparente, ya que el consumidor podía tener fácil conocimiento de que el interés de su préstamo se iba a regir por ese concreto índice.

- Se recurre dicha sentencia desestimatoria y dicho recurso fue desestimando por la Audiencia Provincial, que confirmó la primera sentencia considerando dos aspectos:

  » Que la cláusula IRPH estaba correctamente incorporada al contrato y el prestatario conocía su funcionalidad, debido a que reconoció en el juicio que sabía de la existencia de distintos índices legales de referencia.

  » Que el mero de que este índice, en su evolución posterior, haya resultado más gravoso que otros de los posibles, no lo convierte en abusivo, pues ello sería tanto como realizar un control de precios.

El Tribunal Supremo analizó la validez del índice IRPH en relación con los principios de transparencia y abusividad. Se destacaron importantes precedentes de jurisprudencia, incluidos pronunciamientos del TJUE que requieren un control de transparencia en cláusulas que afectan a los derechos de los consumidores. Así, se abordan los siguientes aspectos:

1. **Control de transparencia y abusividad**: la sentencia subraya la importancia del control de transparencia sobre las cláusulas que afectan a consumidores, especialmente aquellas que no han sido negociadas individualmente. El tribunal establece que, si una cláusula sobre el índice de referencia no es transparente, ello no implica automáticamente su abusividad, sino que se debe llevar a cabo un análisis separado que considere los derechos y obligaciones derivados del contrato.

2. **Necesidad de información adecuada**: el fallo enfatiza la obligación de las entidades de crédito de proporcionar información clara y comprensible sobre los índices de referencia y su evolución. Dicha obligación se relaciona con la Ley General para la Defensa de los Consumidores que establece normas para asegurar una información adecuada al consumidor. Esto implica que futuras contrataciones deberán incluir una información más detallada y específica sobre el comportamiento de los índices utilizados en los contratos.

3. **Efecto disuasorio**: la sentencia refuerza el efecto disuasorio que debe tener la normativa sobre el uso de cláusulas abusivas. La declaración de nulidad de una cláusula que sobrecargue al consumidor con condiciones desventajosas debe llevar a un estudio más exhaustivo de las implicaciones del uso de índices de referencia que carezcan de transparencia y claridad.

4. **Revisión de prácticas bancarias**: finalmente, los bancos y entidades de crédito podrían verse obligados a revisar sus prácticas actuales en relación con la información y transparencia ofrecida a los prestatarios. Esto podría implicar la implementación de nuevos protocolos de

comunicación y las condiciones bajo las cuales ofrecen préstamos, para asegurar que cumplen con los estándares dictados por este fallo y evitar conflictos legales en el futuro.

El Tribunal Supremo concluyó que, aunque la cláusula fue redactada de manera clara, no se proporcionó a los prestatarios la información necesaria sobre la evolución del IRPH, lo que afectó a su capacidad de evaluación de la oferta hipotecaria. No obstante, la falta de transparencia no es suficiente para declarar la abusividad de la cláusula, pero permite analizarlas bajo el prisma del perjuicio sufrido por el consumidor. En este caso, el tribunal infiere que el IRPH es un índice de referencia oficial, y que su uso no implica un desequilibrio contractual significativo, ya que la entidad no tiene control sobre su fijación.

|| Sentencia del Tribunal Supremo n.º 596/2020, de 12 de noviembre

La **sentencia del Tribunal Supremo n.º 596/2020, de 12 de noviembre, ECLI:ES:TS:2020:3629**, constituye un hito importante en la interpretación y aplicación de las cláusulas relativas a los índices de referencia en contratos de préstamo hipotecario, particularmente el IRPH.

¿Cuáles son los hechos de esta sentencia? Son los siguientes:

- Se suscribe un contrato de préstamo con garantía hipotecaria por importe de 75.000 € y un plazo de 25 años.

- Se pacta en la cláusula tercera del préstamo que durante un primer período de 1 año se devengaría un interés fijo del 3,50 % anual. El segundo período, correspondiente al resto del plazo, se subdivide en períodos de interés fijo sucesivos, con una duración de un semestre natural.

- Se interpone demanda contra la entidad donde se solicitó la declaración de nulidad por abusivos algunos apartados de la cláusula tercera, en virtud de los artículos 8, apartado 2, de la Ley 7/1988, de 13 de abril, sobre condiciones generales de la contratación y el artículo 82 de la LGDCU. De manera subsidiaria, se solicita la declaración de nulidad de dichos apartados por incumplimiento de normas imperativas según los artículos 8 apartado 1, de la LCGC y 6, apartado 3, del Código Civil.

- En lo relativo a los efectos de la declaración de nulidad, se alega que el contrato debía subsistir sin tipo de referencia aplicable y se solicita la condena a la demandada a restituir lo cobrado en virtud de aplicar los índices impugnados —IRPH-Entidades e IRPH Cajas— durante el período de vigencia del contrato.

- En primera instancia se estima íntegramente la demanda.

- Se recurre la sentencia en apelación por la entidad prestamista, la Audiencia Provincial desestima dicho recurso y confirma la sentencia de primera instancia, aportando las siguientes consideraciones:

  » Que es la demandada quien redacta la cláusula de forma semejante a la que utiliza en otros contratos, por lo que se trataría de una condición general idéntica a la de otros muchos contratos.

» Que la demandada no ha probado que la cláusula impugnada fuese negociada.

» Que la cláusula hace referencia a la remuneración a pagar por el cliente a la entidad bancaria, por lo cual esto define el objeto principal del contrato y no puede someterse a control de abusividad del precio, pero sí al doble control de transparencia, formal y material o de comprensibilidad.

» En cuanto al control formal o documental, la oferta vinculante no consta signada por ambos prestatarios así como tampoco aparece incorporada a la escritura, pues el notario declara que se le ha exhibido y que coincide con las cláusulas que se estipulan en la escritura.

» No hay otra constancia que la oferta vinculante, dado que no hay otra prueba que dilucide que se dio información de los diferentes índices que se podrían haber aplicado, así como su distinto comportamiento, la forma en la que se confeccionan, el importe que alcanzan o mismo sus diferencias en contextos similares.

• Se interpone un recurso de casación por parte de la entidad prestamista.

• La parte recurrida, en el escrito de oposición al recurso, solicita la suspensión de la tramitación hasta que el Tribunal de Justicia de la Unión Europea dé respuesta a una segunda cuestión prejudicial planteada, considerando el TS que no procede tal suspensión porque las cuestiones planteadas en el recurso ya habían sido aclaradas por el TJUE en la **sentencia n.º C-125/18, de 3 de marzo de 2020**.

Ahora bien **¿cómo se han pronunciado el Tribunal Supremo y el TJUE sobre el índice IRPH?** La mencionada **STS n.º 596/2020, de 12 de noviembre**, manifiesta lo siguiente:

«Esta Sala se ha pronunciado sobre el índice IRPH en una única sentencia, de pleno, 669/2017 de 14 de diciembre. En ella hicimos, resumidamente, los siguientes pronunciamientos:

(i) La cláusula del contrato de préstamo hipotecario en la que se establece el IRPH como índice de referencia del interés remuneratorio es una condición general de la contratación si no se ha negociado individualmente.

(ii) No hay inconveniente en que un índice de referencia legal (aprobado por la autoridad bancaria) se incorpore al contrato como tal condición general de la contratación.

(iii) En cuanto que condición general de la contratación predispuesta y utilizada en un contrato celebrado con consumidores, puede ser objeto de control de transparencia.

(iv) Por el contrario, los tribunales civiles no pueden controlar el procedimiento bancario-administrativo por el que se configura el índice.

2.-Asimismo, el TJUE (Gran Sala), en respuesta a una petición de decisión prejudicial de un juzgado de primera instancia de Barcelona, ha dictado la sentencia de 3 de marzo de 2020 (C-125/18). En dicha resolución, el TJUE concluye:

'1) El artículo 1, apartado 2, de la Directiva 93/13/CEE del Consejo, de 5 de abril de 1993, sobre las cláusulas abusivas en los contratos celebrados con consumidores, debe interpretarse en el sentido de que sí está comprendida en el ámbito de aplicación de esa misma Directiva la cláusula de un contrato de préstamo hipotecario celebrado entre un consumidor y un profesional que estipule que el tipo de interés aplicable al préstamo se base en uno de los índices de referencia oficiales establecidos por la normativa nacional y que las entidades de crédito pueden aplicar a los préstamos hipotecarios, cuando esa normativa no establezca ni la aplicación imperativa del índice en cuestión con independencia de la elección de las partes en el contrato ni su aplicación supletoria en el supuesto de que las partes no hayan pactado otra cosa.

'2) La Directiva 93/13, y en particular sus artículos 4, apartado 2, y 8, debe interpretarse en el sentido de que los tribunales de un Estado miembro están obligados a examinar el carácter claro y comprensible de una cláusula contractual que se refiere al objeto principal del contrato, con independencia de la transposición del artículo 4, apartado 2, de dicha Directiva al ordenamiento jurídico de ese Estado miembro.

'3) La Directiva 93/13, y en particular sus artículos 4, apartado 2, y 5, debe interpretarse en el sentido de que, para cumplir con la exigencia de transparencia de una cláusula contractual que fija un tipo de interés variable en un contrato de préstamo hipotecario, dicha cláusula no solo debe ser comprensible en un plano formal y gramatical, sino también permitir que el consumidor medio, normalmente informado y razonablemente atento y perspicaz, esté en condiciones de comprender el funcionamiento concreto del modo de cálculo del referido tipo de interés y de valorar así, basándose en criterios precisos y comprensibles, las consecuencias económicas, potencialmente significativas, de dicha cláusula sobre sus obligaciones financieras. Constituyen elementos especialmente pertinentes para la valoración que el juez nacional debe efectuar a este respecto, por un lado, la circunstancia de que los elementos principales relativos al cálculo del mencionado tipo de interés resulten fácilmente asequibles a cualquier persona que tenga intención de contratar un préstamo hipotecario, dada la publicación del modo de cálculo de dicho tipo de interés, y, por otro lado, el suministro de información sobre la evolución en el pasado del índice en que se basa el cálculo de ese mismo tipo de interés.

'4) Los artículos 6, apartado 1, y 7, apartado 1, de la Directiva 93/13 deben interpretarse en el sentido de que no se oponen a que, en caso de declaración de nulidad de una cláusula contractual abusiva que fija un índice de referencia para el cálculo de los intereses variables de un préstamo, el juez nacional lo sustituya por un índice legal aplicable a falta de acuerdo en contrario de las partes del contrato, siempre que el contrato de préstamo hipotecario no pudiera subsistir tras la supresión de la cláusula abusiva y que la anulación del contrato en su totalidad dejara al consumidor expuesto a consecuencias especialmente perjudiciales.

3.-En los apartados siguientes analizaremos la repercusión de esta STJUE en nuestra propia jurisprudencia, las pautas que ofrece para el examen de la transparencia de las cláusulas de intereses IRPH y su eventual abusividad».

En particular, esta sentencia refuerza la necesidad de un **control riguroso de transparencia** en las cláusulas contractuales que definan el **objeto principal de los contratos**. Establece que las entidades bancarias tienen la **obligación** de **proporcionar información clara** y **comprensible** sobre los índices aplicados, así como su **evolución histórica**. En este caso, se examina la falta de información proporcionada por la entidad bancaria sobre la evolución del índice IRPH, lo cual, de acuerdo con el TJUE, no cumple con el deber de transparencia frente al consumidor.

Asimismo, se argumenta que la ausencia de claridad sobre el método de cálculo y la variación del IRPH privó a los consumidores de opciones y, por tanto, de la posibilidad de tomar decisiones informadas al contratar el préstamo. La decisión del Tribunal se basa en que, aunque **la cláusula puede no ser transparente**, ello **no implica automáticamente** que sea **abusiva**, sino que debe **evaluarse** en función de un **posible desequilibrio** entre las partes y la buena fe en la relación contractual.

La decisión del Tribunal Supremo manifiesta un compromiso en la protección del consumidor, lo que podría propiciar la implementación de medidas adicionales para garantizar que las entidades financieras actúen dentro de los márgenes de buena fe. Esto también puede incluir la promoción de la educación financiera, facilitando a los consumidores la capacidad de tomar decisiones informadas sobre sus contratos.

|| Sentencia del Tribunal Supremo n.º 597/2020, de 12 de noviembre

La **sentencia del Tribunal Supremo n.º 597/2020, de 12 de noviembre, ECLI:ES:TS:2020:3756**, en la que se desestimó un recurso de casación sobre la validez de una cláusula que indexaba el interés de un préstamo hipotecario al IRPH, plantea varios aspectos clave en relación con el control de transparencia y abusividad de las cláusulas contractuales. En base a ello da respuesta a las cuestiones siguientes:

- **¿Es abusiva la cláusula que estipula el IRPH? ¿Debería declararse nula?**
- **¿Dicha cláusula pasaría el control de transparencia?**
- **¿Ha existido mala fe?**

La sentencia enfatiza la necesidad de que las entidades bancarias proporcionen información clara sobre los índices de referencia aplicados, incluyendo su evolución histórica previa a la celebración del contrato. Esta exigencia se alinea con la normativa de protección al consumidor, impulsando un control más robusto sobre la transparencia de las cláusulas contractuales.

La cláusula que establece el IRPH como índice de referencia es considerada una condición general de la contratación, lo que implica que debe cumplir con exigencias de transparencia. La jurisprudencia del TJUE establece que el consumidor debe poder entender el cálculo y las implicaciones económicas derivadas del uso de tal índice. Esto incluye la obligación de información sobre la evolución del índice durante los dos años previos a la celebración del contrato. A pesar de que la ausencia de transparencia no implica automáticamente abusividad, se debe comprobar si existen perjuicios para el consumidor.

Así, la mencionada **STS n.º 597/2020**, apunta que «*atribuida la naturaleza jurídica de condición general de contratación a una cláusula que establece el interés retributivo mediante un índice IRPH, no significa, por esa única circunstancia, que podamos reputarla como abusiva en irremediable consecuencia jurídica, salvo que concurran los requisitos legales condicionantes de su declaración de abusividad, al haber sido impuesta con infracción de las exigencias de transparencia y vulneración de los requisitos de la buena fe y justo equilibrio de los derechos y obligaciones de ambas partes*»

Por otro lado, la misma ofrece una definición del concepto de **desequilibrio importante** como aquel que limita los derechos del consumidor, impidiendo una comparación efectiva entre diferentes ofertas del mercado.

> «‹Las cláusulas contractuales que no se hayan negociado individualmente se considerarán abusivas si, pese a las exigencias de la buena fe, causan en detrimento del consumidor un desequilibrio importante entre los derechos y obligaciones de las partes que se derivan del contrato›.
> De manera concorde, el art. 82.1 TRLGCU dispone:
> 'Se considerarán cláusulas abusivas todas aquellas estipulaciones no negociadas individualmente y todas aquellas prácticas no consentidas expresamente que, en contra de las exigencias de la buena fe causen, en perjuicio del consumidor y usuario, un desequilibrio importante de los derechos y obligaciones de las partes que se deriven del contrato'».

El TS determinó que la entidad financiera no actuó de manera leal al no proporcionar la información requerida sobre el IRPH. Esto se traduce en un perjuicio para el consumidor, que no pudo evaluar si el índice pactado era ventajoso frente a otras opciones disponibles. En este sentido, la sentencia manifiesta que «*en cuanto a la buena fe, parece difícil que se pueda vulnerar por ofrecer un índice oficial, aprobado por la autoridad bancaria, salvo que se pudiera afirmar que se podía conocer su evolución futura y ésta fuera necesariamente perjudicial para el prestatario y beneficiosa para la entidad prestamista*».

Por otro lado, se ha venido considerando que no existe abusividad en los préstamos hipotecarios referenciados al IRPH debido a que tal referencia fue recomendada en el año 1993 por el Banco de España como uno de los tipos que se podían utilizar para operaciones de crédito hipotecario a tipo de interés variable. Es por ello que, por ejemplo, se ha apreciado que el IRPH era el más adecuado para ser utilizado como índice de referencia en el ámbito de la financiación que estaba destinada a adquirir viviendas de protección oficial, por tanto no sería lógico estimar que se trata de una actuación realizada con mala fe.

‖ Sentencia del Tribunal Supremo n.º 598/2020, de 12 de noviembre

Para realizar un análisis de la sentencia del Tribunal Supremo n.º 598/2020, de 12 de noviembre, ECLI:ES:TS:2020:3756, deben exponerse los siguientes hechos:

- Se suscribe un contrato de préstamo con garantía hipotecaria por un importe de 202.725 € y plazo de 30 años.

- Respecto del interés remuneratorio, se pacta en la cláusula tercera del préstamo que durante los primeros 12 meses se devengaría un interés fijo del 3,45 % anual, y una vez transcurrido ese período, *«dicho tipo se modificará conforme a lo pactado en la estipulación Tercera Bis»*.

- Se interpone demanda contra la entidad en la que se solicita la declaración de nulidad de varias cláusulas, entre ellas la tercera bis. Se basaban en la falta de transparencia de dicha cláusula por cuanto en ningún momento se proporcionó a los actores la información precisa para poder lograr una comprensibilidad real, atendiendo al claro tenor técnico y dificultoso de su redacción. Asimismo, solicitaban la supresión de la cláusula, sin integración por ningún tipo de interés y la condena a la entidad demandada a devolver las cantidades que habían sido cobradas en concepto de interés remuneratorio, calculado sobre la base del IRPH a partir del primer año.

- La sentencia de primera instancia estima parcialmente la demanda pero desestima la pretensión que instaba la declaración de nulidad de la cláusula tercera bis.

- Los demandantes recurren en apelación y la audiencia provincial desestima el recurso confirmando la sentencia de primera instancia. Para ello, se manifiestan las siguientes consideraciones:

  «i) Los actores son consumidores y la cláusula tercera bis es una condición general de la contratación que define el objeto principal del contrato, ya que determina la remuneración que debe satisfacer el cliente a la entidad bancaria por el préstamo.

  ii) La cláusula tercera bis supera el control de incorporación, porque 'está redactada de manera clara y comprensible, expone de manera transparente el funcionamiento concreto del mecanismo al que se refiere la cláusula, de manera que el consumidor está en condiciones de valorarla, basándose en criterios precisos e inteligibles. El interés variable no tiene por qué referirse siempre al Euribor. El Euribor es un índice más. El IRPH entidades es uno de los siete índices oficiales previstos en el apartado tercero de la norma sexta bis de la Circular 8/1990 del Banco de España, de 7 septiembre, sobre transparencia de las operaciones y protección de la clientela. El IRPH entidades se publica mensualmente por el Banco de España en el BOE. Por tanto, el cliente pudo conocer cuál era el IRPH entidades en las fechas de la firma del contrato. La entidad demandada facilitó una oferta a los actores, en la que se fija el tipo de interés variable, y se describe en qué consiste el índice y cómo se obtiene'.

  iii) Respecto al segundo control de transparencia, declaró: '[C]onforme al Anexo VIII de la Circular 8/1990, el IRPH entidades se define como la media simple de los tipos de interés medios ponderados por los principales de los operadores de préstamo con garantía hipotecaria de plazo igual o superior a tres años para la adquisición de vivienda libre, que hayan sido iniciadas o renovadas en el mes a que se refiere el índice por los bancos, las cajas de ahorros y las sociedades de crédito hipotecario. Es decir, el IRPH entidades se establece sobre la base de los datos que facilitan las entidades al Banco de España. (...)

iv) No se acredita la abusividad de la cláusula. El hecho de que el legislador estableciese el IRPH entidades como uno de los tipos de referencia oficiales del mercado hipotecario no constituye una lesión de la situación jurídica del consumidor. No supone una restricción de derechos del consumidor, ni un obstáculo a su ejercicio, ni le supone una obligación adicional no prevista. El desequilibrio se daría si la entidad financiera pudiera influir en la configuración del índice (...)».

- Los demandantes recurren en casación.

Ante estos hechos, el Tribunal Supremo plantea las siguientes cuestiones para fundamentar su fallo:

1. ¿Qué diferencia existe entre el control de transparencia y el control de abusividad en el contexto de las cláusulas bancarias?

El control de transparencia se centra en que las cláusulas contractuales, especialmente las que afectan a condiciones esenciales del contrato, sean claras y comprensibles para el consumidor. En cambio, el control de abusividad evalúa si las cláusulas, a pesar de ser claras, crean un desequilibrio importante entre los derechos y obligaciones de las partes, en detrimento del consumidor. Es fundamental destacar que el Tribunal Supremo indicó que la falta de transparencia puede permitir un análisis respecto a la abusividad, aunque no implica automáticamente que la cláusula deba ser considerada abusiva en todos los casos. Así:

«(...) la falta de transparencia no supone necesariamente que [las condiciones generales] sean desequilibradas›. En este mismo sentido, la STJUE de 26 de enero de 2017, asunto C-421/14, caso Banco Primus, declaró que la falta de transparencia no eximía de realizar el juicio de abusividad, sino que simplemente permitía proyectarlo a los elementos esenciales del contrato».

2. ¿Qué argumento jurídico se presenta sobre la claridad y comprensibilidad de la cláusula del IRPH?

En los antecedentes se argumenta que la cláusula donde se establece el IRPH no era suficientemente clara ni comprensible para el consumidor medio, lo que impidió valorar las consecuencias económicas del préstamo. La STJUE n.° C-125/18, de 3 de marzo de 2020, anteriormente mencionada, establece que para cumplir con las exigencias de transparencia, el consumidor debe poder comprender el funcionamiento concreto del tipo de interés y valorar las consecuencias de forma informada.

3. ¿Cómo afecta la falta de transparencia a la valoración de abusividad de la cláusula?

La falta de transparencia permite proyectar el control de abusividad sobre los elementos esenciales del contrato, de acuerdo con el apartado 2 del artículo 4 de la Directiva 93/13/CEE. Sin embargo, la falta de transparencia por sí sola no implica automáticamente que la cláusula sea abusiva, ya que debe considerarse si causa un desequilibrio importante entre los derechos y obligaciones de las partes. Así lo expone el TS en la sentencia:

«(...) de acuerdo con la doctrina del TJUE, la falta de transparencia no determina en todos los casos la nulidad de la cláusula, sino que permite proyectar el control de abusividad sobre los elementos esenciales del contrato».

4. ¿Qué criterios considera óptimos la sentencia para determinar si una cláusula es abusiva?

La sentencia evalúa si la cláusula resulta en un equilibrado desequilibrio en la relación contractual basándose en los parámetros de buena fe y los efectos perjudiciales para el consumidor. La jurisprudencia del TJUE, según se recoge en la STS n.º 598/2020 que se está analizando, exige que se valore si el profesional actuó de manera leal y equitativa, y si el consumidor pudo razonablemente aceptar la cláusula en una negociación individual.

5. ¿Qué se argumenta sobre la información que debe proporcionar la entidad financiera respecto a la evolución del IRPH?

Se sostiene que la entidad financiera debía proporcionar información sobre la evolución del IRPH en los dos años previos a la constitución del contrato. La falta de esta información convierte a la cláusula en no transparente, afectando así a la capacidad del consumidor para tomar decisiones informadas. La sentencia menciona que el incumplimiento de la obligación de informar priva de buena fe la conducta del profesional.

6. ¿Qué posición adopta el Tribunal Supremo sobre la aplicación de un índice sustitutivo en caso de nulidad de la cláusula IRPH?

El TS concluye que, aunque se declare abusiva la cláusula del IRPH, esto no implica que deba aplicarse automáticamente un índice alternativo. Debe evaluarse si el uso de un índice, tal como el euríbor, sería apropiado en la restitución de derechos perdidos por el consumidor debido a la cláusula abusiva. La decisión de aplicar uno u otro índice debe tener en cuenta el impacto en la situación del consumidor y el cumplimiento de las exigencias normativas y de buena fe.

3.4. Las SSTS de 27 de enero de 2022: tras los autos del TJUE de 17 de noviembre de 2021. Reiteración de su jurisprudencia

Reiteración de la jurisprudencia del TS sobre cláusulas IRPH en las SSTS de 27/01/2022

Se analizan los pronunciamientos del Tribunal Supremo acerca de la **validez de las cláusulas IRPH** en las SSTS de 27 de enero de 2022. En ellas se reitera la doctrina del Alto Tribunal, aun después del auto del TJUE, n.º C-79/21, de 17 de noviembre de 2021 ECLI:EU:C:2021:945, que pasamos a comentar antes de adentrarnos en las mencionadas sentencias.

‖ Criterio del TJUE en auto de 17 de noviembre de 2021

Mediante auto n.º C-79/21, de 17 de noviembre de 2021, ECLI:EU:C:2021:945, el Tribunal de Justicia de la Unión Europea dio respuesta a las cuestiones prejudiciales planteadas por el Juzgado de Primera Instancia n.º 2 de Ibiza acerca de la interpretación de los artículos 3, 4, 6 y 7 de la Directiva 93/13/CEE del Consejo, de 5 de abril de 1993, sobre las cláusulas abusivas en los contratos celebrados con consumidores. Los citados artículos disponen lo siguiente:

- **Artículo 3:** considera abusivas las cláusulas no negociadas individualmente que causen un desequilibrio importante en detrimento del consumidor.

- **Artículo 4:** establece que el carácter abusivo de una cláusula se apreciará teniendo en cuenta la naturaleza de los bienes o servicios objeto del contrato y todas las circunstancias concurrentes en su celebración.

- **Artículo 6:** dispone que las cláusulas abusivas no vincularán al consumidor y que el contrato seguirá siendo obligatorio para las partes si puede subsistir sin las cláusulas abusivas.

- **Artículo 7:** asegura que existan medios adecuados y eficaces para que cese el uso de cláusulas abusivas en los contratos celebrados entre profesionales y consumidores.

En las **cuestiones prejudiciales planteadas** se instó al TJUE a pronunciarse sobre la interpretación correcta de los citados artículos, a fin de conocer si la jurisprudencia del Tribunal Supremo se adecuaba o no a esta. A las referidas cuestiones **el TJUE respondió** de la siguiente manera:

- El apartado 1 del artículo 3 de la Directiva 93/13/CEE implica que **la cláusula no transparente puede someterse a un control de contenido sin que sea necesaria la mala fe del profesional**.

- La misma exigencia de redacción clara y comprensible contenida en el artículo 4, aparece también en artículo 5 de la Directiva 93/13/CEE, que **permite dispensar al profesional de informar** al consumidor **de la evolución en el pasado del índice** de referencia, al menos durante los dos últimos años, en comparación con, al menos, otro índice distinto como el euríbor, siempre que el juez pueda **comprobar** que un **consumidor medio**, normalmente informado y razonablemente atento y perspicaz, **estuvo en condiciones de comprender** el modo de **cálculo** del índice de referencia y de **valorar** las **consecuencias** de la cláusula sobre sus obligaciones financieras.

- Los artículos 6, apartado 1, y 7, apartado 1, de la Directiva 93/13/CEE **permiten** que, en caso de **nulidad** de la cláusula abusiva IRPH, el **juez nacional sustituya el índice por otro legal**, cuando esos dos índices produzcan los mismos efectos, siempre que se cumplan los requisitos del apartado 67 de la STJUE, n.º C-125/18, de 3 de marzo de 2020, ECLI:EU:C:2020:138.

|| Criterio del Tribunal Supremo en las sentencias de 27/01/2022

Independientemente del anterior auto del TJUE n.º C-79/21, en las sentencias de 27 de enero de 2022, nuestro Alto Tribunal se pronunció sobre la validez de la cláusula IRPH en los términos que se explican a continuación.

| Sentencia del Tribunal Supremo n.º 42/2022, de 27 de enero, ECLI:ES:TS:2022:153

Esta sentencia **estima** el **recurso de casación** interpuesto por una **entidad bancaria** contra la resolución de la Audiencia Provincial de Álava que ratificó la nulidad de la cláusula IRPH del contrato hipotecario. La cláusula IRPH ya había sido declarada nula en primera instancia a petición del consumidor demandante, que argumentó que era abusiva por falta de transparencia.

Según la recurrente en su **primer motivo**, las sentencias de instancia y de apelación infringen el artículo 1 de la LCGC, cuyo tenor literal reza lo siguiente:

> «1. Son condiciones generales de la contratación las cláusulas predispuestas cuya incorporación al contrato sea impuesta por una de las partes, con independencia de la autoría material de las mismas, de su apariencia externa, de su extensión y de cualesquiera otras circunstancias, habiendo sido redactadas con la finalidad de ser incorporadas a una pluralidad de contratos.
>
> 2. El hecho de que ciertos elementos de una cláusula o que una o varias cláusulas aisladas se hayan negociado individualmente no excluirá la aplicación de esta Ley al resto del contrato si la apreciación global lleva a la conclusión de que se trata de un contrato de adhesión».

Esgrime la entidad que la cláusula IRPH no es una condición general de la contratación, sino una cláusula sobre el objeto principal del contrato (el precio del préstamo hipotecario) negociado individualmente, y que por tanto no es objeto de control judicial de abusividad. Para fundamentar este argumento, la recurrente se basa en las siguientes sentencias:

- STS n.º 406/2012, de 18 de junio, ECLI:ES:TS:2012:5966.
- STS n.º 241/2013, de 9 de mayo, ECLI:ES:TS:2013:1916.
- STS n.º 222/2015, de 29 de abril, ECLI:ES:TS:2015:2207.

El primer motivo es desestimado por el Alto Tribunal que **no considera demostrado** que la cláusula IRPH fuera objeto de **negociación individual** en virtud del artículo 3 de la Directiva 93/13/CEE, y centra el análisis de la cláusula en su carácter de **condición general de la contratación.** Conforme a la jurisprudencia de la Sala, una cláusula que afecta al objeto principal del contrato puede ser igualmente incluida en el clausulado general (configurándose como una condición general de la contratación) o no haber sido objeto de negociación individual. Además, a juicio del Supremo, la entidad tampoco demuestra que la cláusula IRPH no estuviera prerredactada con el fin de ser incluida en otras ofertas de contrato (el artículo 1 de la LCGC impone la carga de la prueba al empresario).

Como condición general de la contratación, la transparencia de la cláusula puede ser evaluada judicialmente La Sala enfatiza que la mera falta de transparencia no conlleva automáticamente la nulidad, sino que permite un juicio sobre la abusividad de la cláusula. Así, tras considerar los hechos y la normativa aplicable, se estableció que no existía un desequilibrio importante entre los derechos de las partes en detrimento del consumidor ni mala fe por parte del banco.

En consecuencia, el TS decidió estimar el recurso de casación interpuesto por la entidad bancaria, anulando la sentencia anterior que declaraba la nulidad de la cláusula IRPH y condenando en costas a este último. No se impusieron costas por la casación, y se ordenó la devolución de los depósitos constituidos para su formulación.

Los motivos segundo y tercero denuncian infracciones de los artículos 80.1 y 82 del TRLCU y el artículo 4.2 de la Directiva 93/13/CEE.

Por un lado, en el **motivo segundo** la recurrente alega que la cláusula es transparente porque:

- La transparencia de una cláusula contractual no exige el ofrecimiento de alternativas más favorables.
- El índice de referencia es oficial y las dudas sobre su comprensibilidad son extensibles a otros posibles índices oficiales, como el Euribor;
- La evolución futura de los índices es imprevisible, por lo que, *a priori*, no cabe hablar de índices más o menos favorables para el consumidor.

Por otro lado, en el **motivo tercero** la entidad esgrime que la cláusula de interés variable no es contraria a la buena fe, ni causa en perjuicio de la prestataria un desequilibrio entre los derechos y obligaciones de las partes.

Ambos motivos son estimados por la Sala al considerar que **la cláusula de interés variable referenciada al IRPH cumple con los requisitos de transparencia y no causa un desequilibrio importante ni actúa en contra de la buena fe**. Tal interpretación se basa en las siguientes sentencias que aplicaron la doctrina contenida en la STJUE n.º C-125/18, de 3 de marzo de 2020, ECLI:EU:C:2020:138, sobre las cláusulas abusivas en los contratos celebrados con consumidores.

- STS n.º 595/2020, de 12 de noviembre, ECLI:ES:TS:2020:3613.
- STS n.º 596/2020, de 12 de noviembre, ECLI:ES:TS:2020:3629.
- STS n.º 597/2020, de 12 de noviembre, ECLI:ES:TS:2020:3756.
- STS n.º 598/2020, de 12 de noviembre, ECLI:ES:TS:2020:3628.

El Tribunal Supremo aclara los siguientes aspectos en la estimación de estos motivos:

a) La publicación del IRPH en el BOE cumple con las exigencias de transparencia, ya que permite al consumidor medio comprender que el índice se calcula según el tipo medio de los préstamos hipotecarios a más de tres años para la adquisición de vivienda, incluyendo diferenciales y gastos aplicados por las entidades.

Según la jurisprudencia del TJUE, **la entidad prestamista no está obligada** a proporcionar un folleto informativo sobre la evolución pasada del índice si la información está públicamente disponible y accesible. Esto se basa en que un consumidor medio, normalmente informado y razonablemente atento y perspicaz, debería ser capaz de comprender el funcionamiento del índice y valorar sus consecuencias económicas

b) La falta de transparencia no implica automáticamente la nulidad de la cláusula, sino que **permite realizar un juicio de abusividad**. Este juicio evalúa si la cláusula causa un desequilibrio importante entre los derechos y obligaciones de las partes, en contra de las exigencias de la buena fe.

No es suficiente comparar el IRPH con otros índices como el euríbor para determinar un desequilibrio, ya que el IRPH incluye préstamos referenciados a otros tipos variables y a interés fijo, así como los diferenciales. **La evolución futura del índice no puede ser determinante para evaluar el desequilibrio en el momento de la contratación.**

c) Manipulabilidad del índice: no se ha justificado que el índice IRPH sea más manipulable que otros índices oficiales, ya que está fiscalizado por la Administración Pública.

d) La **abusividad** de la cláusula se determina por la concurrencia de **dos parámetros**:

- El **desequilibrio importante**.
- La **mala fe**.

Ninguno de los cuales concurre, por lo que **no** se aprecia **abusividad** en la cláusula.

Por todo ello, **la sentencia estima el recurso de casación, decisión que conlleva, asimismo, la estimación del recurso de apelación y la desestimación de la demanda, con expresa condena en costas al demandante.** En consecuencia, **la cláusula IRPH se reconoce como no abusiva y como válida.**

> **Sentencia del Tribunal Supremo n.º 43/2022, de 27 de enero, ECLI:ES:TS:2022:154**

La presente resolución del Supremo, semejante a la anterior, estima otro recurso de casación interpuesto por la misma entidad bancaria contra otra resolución de la Audiencia Provincial que confirmó la abusividad y consiguiente nulidad, derivadas de la falta de transparencia, de la cláusula IRPH de un contrato de préstamo hipotecario.

En el recurso de casación, la entidad financiera:

1. Argumentó que la cláusula I**RPH no era una condición general** y que sí había existido negociación en su determinación. Este **motivo** fue nuevamente **desestimado** por la Sala.

2. Cuestionó la falta de transparencia y la existencia de un desequilibrio en los derechos y obligaciones del contrato. En respuesta, el Tribunal Supremo examinó los parámetros de transparencia y abusividad pertinentes a las cláusulas implicadas, refiriéndose a la jurisprudencia que establece que, **aunque la falta de transparencia pueda existir, no conllevará automáticamente la nulidad de la cláusula**, sino que **permitirá iniciar el juicio de abusividad** según la legislación nacional y europea.

Por todo ello, **el Alto Tribunal decidió estimar el recurso de casación y revocar la sentencia de la AP** que había estimado la demanda, desestimando esta última. Asimismo, no se impusieron costas en los recursos de casación y apelación, y se condenó a los demandantes a abonar las costas de la primera instancia.

Sentencia del Tribunal Supremo n.° 44/2022, de 27 de enero, ECLI:ES:TS:2022:240

La tercera sentencia, también similar a las anteriores, vuelve a estimar el recurso de la entidad bancaria.

En este caso, en la **primera instancia**, el juzgado de lo mercantil estimó la demanda y declaró la nulidad de la cláusula IRPH por no superar el control de transparencia sobre su contenido, ya que no se había ofrecido información suficiente a la prestataria.

La audiencia provincial confirmó esta decisión al desestimar el recurso de **apelación** presentado por la entidad, argumentando que las cláusulas de interés no habían sido debidamente explicadas a la consumidora, lo que generó un desequilibrio relevante entre los derechos y obligaciones de las partes, en detrimento de los derechos de la demandante.

El banco, en su recurso de **casación**, alegó nuevamente ante el Supremo que la cláusula del interés remuneratorio no tenía el carácter de condición general de la contratación, sino de cláusula que afecta al objeto principal del contrato (precio) y que sí había sido negociada individualmente. Con base en ello, la parte recurrente argumentó que la cláusula no era objeto de control judicial de transparencia.

Como en las anteriores sentencias de 27 de enero de 2022, la Sala **sí** apreció el carácter de **condición general** de la cláusula IRPH, al entender que la entidad no demostró la negociación individual de la citada cláusula ni tampoco que no se tratara de una condición prerredactada con vocación de ser incorporada a múltiples contratos.

Sin embargo, para el TS, **la falta de claridad o transparencia de la cláusula no implica automáticamente su abusividad, sino que simplemente abre las puertas a un ulterior control de contenido para evaluar el posible desequilibrio de derechos y obligaciones entre las partes y la mala fe del empresario** (cuestiones que sí determinan la abusividad).

Realizado este control, el Supremo estimó el recurso de casación interpuesto por la entidad financiera, revocando las sentencias anteriores. Se desestimó la demanda de la consumidora y se le impuso el pago de las costas de la primera instancia, señalando que no se hacía expresa imposición de costas en los recursos de apelación y casación. Esto implicó que **las cláusulas del IRPH se mantienen válidas** en contraposición a lo que se había determinado anteriormente.

Diferencias entre los criterios del TJUE y del TS

En conclusión, tanto el auto del TJUE n.° C-79/21, de 17 de noviembre de 2021, ECLI:EU:C:2021:945, como las sentencias STS n.° 42/2022, de 27 de enero,

ECLI:ES:TS:2022:153, STS n.º 43/2022, de 27 de enero, ECLI:ES:TS:2022:154 y STS n.º 44/2022, de 27 de enero, ECLI:ES:TS:2022:240, abordan la validez de la cláusula IRPH desde perspectivas que, aunque **convergen en que el carácter abusivo de la cláusula determina su nulidad**, presentan **diferencias** significativas.

- En cuanto al **control de transparencia** de la cláusula IRPH, ambos tribunales coinciden en la importancia de la transparencia, pero:
  - » El **TJUE** pone un mayor énfasis en la necesidad de que el consumidor comprenda plenamente el método de cálculo del IRPH y sus consecuencias económicas.
  - » El **TS** considera que la falta de transparencia no implica automáticamente la nulidad de la cláusula, sino que simplemente da lugar a la posibilidad de evaluar su carácter abusivo.
- En cuanto al **carácter abusivo** de la cláusula IRPH, TJUE y TS lo evalúan de forma distinta:
  - » El **TJUE** adopta un enfoque más protector del consumidor, considerando la **falta de transparencia** como **presupuesto de abusividad**.
  - » El **TS** considera que la mera falta de transparencia no determina el carácter abusivo de la cláusula. Dicha abusividad sólo podrá declararse si se demuestra:

Que la falta de transparencia genera un desequilibrio significativo entre los derechos y obligaciones de las partes, en perjuicio del consumidor.

La mala fe del empresario.

3.5. La STJUE de 13 de julio de 2023: el consumidor debe recibir información suficiente del método de cálculo

Nueva sentencia del TJUE por la cual el consumidor debe recibir información suficiente del método de cálculo del IRPH

La **sentencia del Tribunal de Justicia de la Unión Europea n.º C-265/22, de 13 de julio de 2023, ECLI:EU:C:2023:578,** aborda un litigio entre los demandantes contra una entidad financiera relativo a un contrato de préstamo hipotecario celebrado el 12 de mayo de 2006 por la cantidad de 197.934,54 €. La controversia se centra en la validez de una cláusula que establece un tipo de interés variable basado en un tipo de referencia, específicamente el IRPH de las entidades de crédito, con un incremento del 0,20 %.

Los demandantes alegan que la cláusula es abusiva y que la referencia al IRPH resulta engañosa, dado que este índice tiene en cuenta las comisiones, lo que provoca que su coste sea superior al de otros índices, como el euríbor. Los demandantes sostienen que esta cláusula les ha causado un perjuicio económico significativo, estimado en 39.799,25 euros. La entidad, por su parte, argumenta que la cláusula fue negociada individualmente y que los índices utilizados son oficiales y accesibles al público, lo que permitiría a los consumidores conocer su evolución y cálculo. Además, sostiene que la cláusula no es abusiva ya que cumple con la normativa vigente.

El juzgado de primera instancia suspende el procedimiento y plantea al TJUE varias cuestiones prejudiciales relacionadas con la interpretación de la Directiva 93/13 sobre cláusulas abusivas, así como de la Directiva 2005/29 sobre prácticas comerciales desleales. Se cuestiona la legalidad de aplicar un diferencial positivo en la cláusula, a pesar de que las indicaciones de la normativa del Banco de España en relación con el IRPH sugieren la aplicación de un diferencial negativo.

En resumen, el tribunal se enfrenta al análisis de la transparencia y el carácter abusivo de la cláusula en cuestión, el impacto de la información relevante sobre el tipo de interés en el contexto de protección al consumidor y la interpretación de las disposiciones europeas en relación con la legislación española. Para ello, debe dar respuesta a las siguientes cuestiones prejudiciales que le fueron planteadas:

1. Para confeccionar el IRPH de las entidades de crédito donde se incluyen las comisiones y los diferenciales aplicados a estas que se incorporan al tipo de interés son más gravosos para el consumidor que el resto del TAE del mercado, diferenciales que son criterio normativo del organismo regulador, se establece la necesidad de que sean negativos, cosa que se ha omitido e incumplido por parte de las entidades financieras de forma generalizada. Entonces **¿apartarse completamente del criterio normativo del órgano regulador constituiría una oposición a los artículos 5 y 7 de la Directiva 2005/29?**

2. Una vez demostrado que apartarse de dicho criterio normativo se opone a los mencionados preceptos **¿esta práctica desleal sería constitutiva de un indicio a la hora de hacer una valoración y apreciación del carácter abusivo de una cláusula? ¿Se opone a los artículos 3 y 4 de la Directiva 93/13?**

3. Si la Circular 5/1994, la cual es propia del sector financiero y ajena al conocimiento general de la población, no fue objeto de tipo alguno de consideración, y se declara que se opone al artículo 7 de la Directiva 2005/29 **¿constituye un indicio a la hora de realizar una valoración del carácter abusivo en virtud de lo dispuesto en el apartado 1 del artículo 6 de la Directiva 93/13 que debe de aplicar un control de transparencia a dicho índice compuesto de** «*índice de referencia y diferencial*».

4. «*¿Se opone a los artículos 3.1, 4 y 5 de la Directiva [93/13]* una jurisprudencia nacional, a la vista de la regulación específica del IRPH es una práctica abusiva, no aplicar diferencial negativo a pesar de la necesidad impuesta en el preámbulo de la Circular [5/1994], ya que es menos ventajoso que todas las TAE existentes, y se ha comercializado el IRPH como si fuera un producto igual de ventajoso que el euríbor sin atender a la necesidad de adicionar un diferencial negativo y, por*

ende, se podría cesar en la contratación por considerarse nulas las cláusulas en las que se prevé su aplicación y abstenerse las entidades bancarias, en el futuro, de su utilización, ya que comercializar este servicio con consumidores vulnerables puede afectar al comportamiento económico y declararse su no incorporación a los contratos comerciales desleales al haberse integrado en el precio del interés contrario a la Directiva [2005/29]?».

5. El hecho de no hacer un control de incorporación y abusividad ante un diferencial impuesto de forma oculta cuando dicho diferencial deber ser negativo en la oferta realizada por una entidad bancaria, así como que el consumidor en el momento de la fase de información precontractual no llegue a conocer el comportamiento económico del interés aplicado de su préstamo por oposición de la Directiva 2005/29 **¿se opone al apartado 1 del artículo 6 de la Directiva 93/13?**

En lo relativo a las **tres primeras cuestiones prejudiciales**, así como la **quinta**, el Tribunal de Justicia de la Unión Europea apunta que las mismas suponen que la Directiva 2005/29 sea aplicable al litigio principal. Ello lo justifica exponiendo que una norma jurídica nueva se aplica a partir de la entrada en vigor del acto que la contiene y, si bien esta norma no es de aplicación a las situaciones jurídicas nacidas y definitivamente consolidadas en virtud de la antigua norma, sí es de aplicación a los efectos futuros de dichas situaciones, al igual que a las situaciones jurídicas nuevas. Excepcionalmente deja de ser de esta manera, sin perjuicio del principio de irretroactividad de los actos jurídicos, cuando la nueva norma se acompañe de disposiciones particulares que determinan específicamente su ámbito de aplicación.

En este sentido, la **STJUE n.º 265/22**, que es objeto de análisis, manifiesta lo siguiente:

«De este modo, por lo que se refiere más particularmente a las directivas, en el ámbito de aplicación ratione temporis de una directiva solo pueden incluirse, por regla general, las situaciones jurídicas consolidadas con posterioridad a la expiración del plazo de transposición de esta (sentencia de 15 de enero de 2019, E. B., C 258/17, EU:C:2019:17, apartado 53 y jurisprudencia citada).

Pues bien, conforme al artículo 19 de la Directiva 2005/29, los Estados miembros tenían que haber adoptado y publicado las disposiciones necesarias para dar cumplimiento a lo establecido en ella a más tardar el 12 de junio de 2007 y tales disposiciones debían aplicarse a más tardar el 12 de diciembre de ese mismo año.

En realidad, el Reino de España y la Comisión indicaron en la vista que la Directiva 2005/29 había sido finalmente transpuesta al Derecho español mediante la Ley 29/2009, de 30 de diciembre, por la que se modifica el régimen legal de la competencia desleal y de la publicidad para la mejora de la protección de los consumidores y usuarios (BOE n.º 315, de 31 de diciembre de 2009, p. 112039).

De lo anterior resulta que la Directiva 2005/29 no era aplicable en la fecha de celebración del contrato objeto del litigio principal, a saber, el 12 de mayo de 2006.

En consecuencia, **la interpretación de esta Directiva no guarda relación con la solución del litigio principal, de suerte que, dado que tienen directa o indirectamente por objeto dicha interpretación, las cuestiones prejudiciales primera a tercera y, en parte, la quinta cuestión prejudicial son inadmisibles**».

Y, en cuanto a la quinta cuestión prejudicial, en la medida en que tiene por objeto la interpretación del apartado primero del artículo 6 de la Directiva 93/13, el TJUE considera que la petición de decisión prejudicial no contiene las indicaciones que se exigen en el apartado c) del artículo 94 del Reglamento de Procedimiento, las cuales se destinan a permitir que el Tribunal de Justicia proporcione una respuesta que sea útil al órgano jurisdiccional remitente. Es por ello por lo que **esta cuestión prejudicial es considerada inadmisible en su totalidad.**

La **cuarta cuestión prejudicial** planteada se centra en la interpretación de los artículos 3, apartado 1, 4 y 5 de la Directiva 93/13. En esencia, se pregunta si dichas disposiciones se oponen a una jurisprudencia nacional que considera no abusiva una cláusula de contrato de préstamo con tipo de interés variable que toma como índice de referencia el IRPH, al que se le aplica un incremento, a pesar de las indicaciones contenidas en el preámbulo de la Circular 5/1994.

El Tribunal de Justicia de la UE abordó la exigencia de transparencia en la redacción de las cláusulas contractuales. Según los artículos 4 y 5 de la Directiva 93/13, es fundamental que el consumidor esté adecuadamente informado sobre las condiciones del contrato y las consecuencias resultantes de la celebración del mismo. En este sentido, se concluyó que la falta de información clara y comprensible podría llevar a un desequilibrio significativo entre los derechos y obligaciones de las partes, lo que justifica la calificación de una cláusula como abusiva.

El TJUE también subrayó que la exigencia de que el contenido de una cláusula sea claro y comprensible no se limita a la cláusula en sí, sino que también tiene en cuenta el contexto de la información disponible al consumidor. En este caso particular, se indica que el tipo de referencia IRPH, establecido en la Circular 8/1990, estaba asociado a la necesidad de aplicar un diferencial negativo, según lo que se había expresado en el preámbulo de la Circular 5/1994.

Por tanto, se considera pertinente evaluar si el consumidor medio podía de verdad asumir y entender el funcionamiento del índice IRPH y cómo este podría afectar a sus obligaciones financieras bajo el contrato de préstamo. La interpretación del tribunal es que el desequilibrio en detrimento del consumidor, y la práctica abusiva, pueden derivarse de la falta de información crítica sobre el cálculo de este índice, que no se comunicó adecuadamente en la fase precontractual.

Finalmente, el TJUE concluye que, para la evaluación de la transparencia y el carácter potencialmente abusivo de la cláusula que designa un índice como el IRPH, es relevante **considerar la información de otras circulares que puedan influir en la comprensión del consumidor sobre las condiciones de su contrato**, especialmente en lo relacionado con el tipo de interés aplicado comparado con los tipos del mercado.

3.6. La STJUE de 12 de diciembre de 2024: delimitación de los casos en los que el IRPH se podrá reclamar

La STJUE de 12 de diciembre de 2024: delimitación de los casos en los que el IRPH se podrá reclamar

El Tribunal de Justicia de la Unión Europea se pronunció en la **sentencia n.º C-300/23, de 12 de diciembre de 2024, ECLI:EU:C:2024:1026**, respecto a la abusividad de las cláusulas que incluyen el IRPH como índice de referencia en contratos de préstamo hipotecario. Los hechos objeto del litigio son los siguientes:

- El 11 de septiembre de 2006, se celebra un contrato de préstamo hipotecario con una entidad financiera. La duración de dicho contrato de préstamo es de 35 años.

- En virtud de la cláusula bis del contrato —cláusula controvertida— el tipo de interés es variable y se determina de manera periódica tomando como referencia el IRPH cajas.

- Según la cláusula controvertida, ese índice consiste «*en la media simple de los tipos de interés medios ponderados por los principales de las operaciones de préstamos con garantía hipotecaria otorgados por las cajas de ahorro a plazo igual o superior a tres años, para la adquisición de vivienda libre, sin transformación alguna, y que será el último publicado por el Banco de España en el mes anterior de cada fecha prevista para la revisión del tipo de interés y, subsidiariamente, el último publicado por el Banco de España con antelación al mes anterior citado*».

- Del auto de remisión se infiere que dicha cláusula no menciona la parte final de la definición del IRPH cajas contemplada en el anexo VIII de la Circular 8/1990, en su versión modificada, que apunta que dichos tipos de interés medio ponderados son las TAE que se declaran al Banco de España por el colectivo de las cajas de ahorro en relación con las operaciones a las que se aplican.

- El 4 de marzo de 2022 se presenta ante el órgano jurisdiccional remitente una demanda donde se solicita la declaración del carácter abusivo de la cláusula controvertida.

A partir de una serie de consideraciones se fundan varias **cuestiones prejudiciales**, de las cuales se destacarán las más interesantes.

‖ Cuestiones prejudiciales primera y segunda

«1) Si teniendo en cuenta que el Banco de España, en la misma Circular 5/1994, [...] por la que incorporaba al mercado hipotecario español los tipos IRPH, también advertía de que su simple utilización directa suponía colocar la TAE de la operación por encima de la TAE del mercado, y que para evitarlo resultaba necesario incorporar el adecuado diferencial negativo, ignorar esta advertencia, y no incorporar tal diferencial negativo puede entenderse como una forma de generar ese desequilibrio pese a la exigencia de la buena fe al que alude el artículo 3.1 de la Directiva [93/13].

2) Si el hecho de que las entidades financieras apliquen diferenciales negativos, coeficientes reductores o porcentajes de IRPH, tal y como previene el Banco de España, únicamente en los casos en los que los contratos de préstamo hipotecario se destinan a la adquisición de vivienda protegida y se supervisan por las Administraciones Públicas y, por el contrario, no apliquen dichos diferenciales negativos, coeficientes reductores o porcentajes de IRPH, cuando el préstamo hipotecario contratado se destina a la adquisición de vivienda libre, sin la supervisión de las Administraciones Públicas, puede constituir una forma de generar ese desequilibrio pese a la exigencia de la buena fe al que alude el artículo 3.1 de la Directiva [93/13]».

Se aborda la **interpretación del artículo 3, apartado 1, de la Directiva 93/13** en relación con la posible abusividad de una cláusula en un contrato de préstamo hipotecario a tipo de interés variable. Esta cláusula prevé la adaptación periódica del tipo de interés tomando como referencia un índice oficial. Ha de recordarse que la cuestión principal es la posible relevancia de que la cláusula se remita directamente a este índice, aunque el acto administrativo que estableció dicho índice indique que, debido a su método de cálculo, sería necesario aplicar un diferencial negativo para ajustar la TAE de la operación a la TAE del mercado.

El órgano jurisdiccional remitente señala que algunas entidades de crédito aplican este diferencial negativo en ciertos contratos de préstamo hipotecario bajo supervisión de administraciones públicas. La **transparencia** de una cláusula contractual es un elemento muy trascendente para determinar su **abusividad**. Sin embargo, el hecho de que una cláusula no esté redactada de manera **clara** y **comprensible** no implica automáticamente que sea abusiva. Para que una cláusula se considere abusiva, debe causar un **desequilibrio** importante entre los derechos y obligaciones de las partes en detrimento del consumidor, **contrariamente a las exigencias de la buena fe**.

El juez nacional debe evaluar todas las circunstancias del caso, incluyendo si el profesional podía estimar razonablemente que el consumidor aceptaría la cláusula en una negociación individual. De igual manera, se debe comparar el método de cálculo del tipo de interés previsto por la cláusula con los métodos generalmente aplicados y los tipos de interés del mercado en la fecha de celebración del contrato.

Es por todo ello que se concluye que, para determinar la abusividad de una cláusula que se remite a un índice oficial, es relevante si el profesional informó adecuadamente al consumidor sobre las particularidades del método de cálculo del índice, así como la necesidad de aplicar un diferencial negativo. **Si no se proporcionó esta información** y **no era accesible para un consumidor medio**, la **cláusula podría considerarse abusiva**.

|| Cuestión prejudicial tercera

> «3) Si habiéndose declarado abusivos elementos que integraron las TAE de las operaciones de préstamo hipotecario que se utilizaron para la determinación del tipo IRPH Cajas, mes a mes, como es el caso de la Comisión de Apertura o ciertos Gastos que correspondía abonar al profesional, resulta contrario al artículo 6.1 de la Directiva [93/13] mantener la validez de la cláusula que incorpora el tipo IRPH Cajas que se ha determinado, mes a mes, a partir de datos obtenidos en aplicación de cláusulas declaradas abusivas».

La cuestión prejudicial que se plantea está centrada en la interpretación del artículo 3, apartado 1, de la Directiva 93/13/CEE, en relación con la posible abusividad de una cláusula de adaptación periódica del tipo de interés en un contrato de préstamo hipotecario, cuando dicha cláusula utiliza un índice de referencia basado en TAE que incluye elementos derivados de cláusulas posteriormente declaradas abusivas. Asimismo, la sentencia objeto de análisis manifiesta lo siguiente:

> «Con carácter preliminar debe señalarse que, si bien esta cuestión prejudicial se refiere a la interpretación del artículo 6, apartado 1, de la Directiva 93/13, en relación con la validez de una cláusula como la cláusula controvertida, la pregunta del órgano jurisdiccional remitente se refiere esencialmente al carácter abusivo de una cláusula de ese tipo, carácter que supondría privarla de validez frente al consumidor, tal como se prevé en esa disposición».

En aras de responder a dicha cuestión prejudicial, el TJUE aborda los siguientes puntos:

- **Finalidad del índice de referencia**: la referencia a un índice oficial para la adaptación periódica del tipo de interés en un contrato de préstamo tiene como objetivo establecer un método de cálculo contractual del tipo de interés. Este mecanismo de determinación del valor del índice no afecta la naturaleza del tipo de interés del contrato, independientemente de los elementos considerados en dicho mecanismo.

- **No consideración de TAE como abusiva**: el tipo de interés resultante de la aplicación de un índice de referencia no puede considerarse una TAE en la que algunos de sus elementos podrían ser nulos y, por tanto, no conlleva la nulidad de la cláusula de adaptación periódica del tipo de interés.

- **Carácter de referencia oficial del índice**: la circunstancia de que las TAE de los contratos considerados para calcular los valores sucesivos de un índice incluyan elementos derivados de cláusulas contractuales que se revelan abusivas a posteriori no cuestiona el carácter de referencia oficial de dicho índice ni afecta retroactivamente a la validez de una cláusula de otro contrato que se remita a ese índice.

- **Momento de la celebración del contrato**: la apreciación del carácter abusivo de una cláusula contractual debe hacerse en relación con el momento de la celebración del contrato en cuestión, conforme al artículo 4, apartado 1, de la Directiva 93/13/CEE y su interpretación por el propio TJUE.

Por todo ello, el Tribunal de Justicia de la Unión Europea concluye que el artículo 3, apartado 1, de la Directiva 93/13/CEE debe interpretarse en el sentido de que el **uso de un índice de referencia basado en TAE**, que incluye **elementos derivados** de **cláusulas posteriormente declaradas abusivas**, **no implica** que la **cláusula de adaptación del tipo de interés** del contrato deba considerarse **abusiva** y, por tanto, **no puede hacerse valer frente al consumidor**.

|| Cuestiones prejudiciales decimoquinta y decimosexta

«15) Si resulta contraria al [apartado 69 de la sentencia del Tribunal de Justicia de 14 de marzo de 2013, Aziz (C-415/11, EU:C:2013:164),] y al concepto de desequilibrio "pese a las exigencias de la buena fe", una jurisprudencia nacional como la establecida por el Tribunal Supremo que entiende ilógico sostener que el profesional no ha actuado de buena fe cuando ha utilizado un tipo hipotecario oficial, regulado por el Banco de España y habitualmente utilizado por las Administraciones Públicas en sus planes de vivienda protegida, deduciendo así, para todos los casos, la existencia de buena fe por parte del profesional, sin necesidad de preguntarse si el profesional podía entender que el consumidor, tratado de manera leal y equitativa, hubiera aceptado la controvertida cláusula en el marco de una negociación individual.

16) Si el [apartado 69 de la sentencia del Tribunal de Justicia de 14 de marzo de 2013, Aziz (C-415/11, EU:C:2013:164),] en el marco de una controversia relativa a la incorporación al contrato de un tipo hipotecario IRPH Cajas a fin de determinar la remuneración del contrato, ha de interpretarse en el sentido de que el juez nacional debe preguntarse si el profesional podía entender que el consumidor, comprendiendo el funcionamiento del método de cálculo del tipo IRPH Cajas, conociendo la evolución del tipo IRPH Cajas al menos los dos años anteriores a la contratación, e informado de que el Banco de España, en su Circular 5/94, advertía de la necesidad de incorporar, en su caso, un diferencial negativo, advertencia que no pensaba atender, este hubiera aceptado la incorporación de dicha cláusula en el marco de una negociación individual».

Estas cuestiones abordan la interpretación del artículo 3, apartado 1, de la Directiva 93/13/CEE en relación con la **buena fe** del profesional en contratos de préstamo hipotecario que incluyen cláusulas de adaptación periódica del tipo de interés basadas en índices oficiales. El órgano jurisdiccional remitente plantea **si la buena fe del profesional puede presumirse** cuando se utiliza un índice de referencia oficial para la adaptación del tipo de interés en un contrato de préstamo hipotecario, simplemente por ser un índice establecido por una autoridad administrativa y utilizado por Administraciones públicas.

El TJUE estima que la calificación de una cláusula contractual en relación con el artículo 3, apartado 1, de la Directiva 93/13 debe hacerse considerando las circunstancias específicas del caso. **No se puede asumir automáticamente que una cláusula no negociada individualmente es compatible con** la **buena fe exigida por la mencionada Directiva**, salvo que refleje disposiciones legales o reglamentarias imperativas, lo cual no aplica en este caso ya que los IRPH no son los únicos índices existentes y son utilizados minoritariamente por las entidades financieras.

Así, en la **sentencia n.º C-300/23** —que se está analizando— se establecen unos criterios para determinar el carácter abusivo, y es que según el artículo 3, apartado 1, de la Directiva 93/13, **una cláusula es abusiva si, contrariamente** a las exigencias de la **buena fe, causa un desequilibrio importante entre los derechos y obligaciones** de las partes en **detrimento del consumidor**. De igual manera, la **buena fe implica** que el **profesional** debe **actuar** de **manera leal y equitativa**, y que el consumidor, bien informado, aceptaría la cláusula en una negociación individual. Esto requiere que el consumidor entienda todos los elementos del método de cálculo del tipo de interés y pueda evaluar sus consecuencias económicas.

Es por ello que de la mencionada sentencia se infiere que la **transparencia de la cláusula es crucial** para determinar su **carácter abusivo**. Si una cláusula **no cumple** con el **requisito de transparencia**, esto es un indicio de su **posible abusividad**. Asimismo, se debe comparar el método de cálculo del tipo de interés previsto por la cláusula con los métodos generalmente aplicados en el mercado y con los tipos de interés vigentes en la fecha de celebración del contrato para préstamos de similar importe y duración.

Es por todo ello que se debe concluir que la **buena fe** del profesional **no puede presumirse únicamente porque se utilice un índice oficial**. La evaluación del carácter abusivo de la cláusula debe considerar las **circunstancias específicas del caso**, el cumplimiento del requisito de transparencia y la comparación del tipo de interés resultante con los tipos de interés del mercado. Así, la **buena fe del profesional** en la inclusión de una cláusula de adaptación del tipo de interés basada en un índice oficial **no puede presumirse automáticamente**. Es necesario un **análisis detallado** de la **transparencia** de la cláusula y su impacto en el equilibrio de derechos y obligaciones entre las partes.

‖ Cuestiones prejudiciales decimoséptima y decimoctava

«17) Si, en relación con la cláusula que incorpora el tipo IRPH Cajas al contrato suscrito por un profesional y un consumidor, el [apartado 67 de la sentencia del Tribunal de Justicia de 26 de enero de 2017, Banco Primus (C-421/14, EU:C:2017:60),] debe interpretarse en el sentido de que el juez nacional, a fin de valorar la existencia de un desequilibrio pese a las exigencias de la buena fe, debe comparar su método de cálculo con el utilizado en la determinación del euríbor, de implantación mayoritaria, y los respectivos tipos efectivos resultantes para préstamos de importe y duración equivalentes.

18) Si, en relación con la cláusula que incorpora el tipo IRPH Cajas al contrato suscrito por un profesional y un consumidor, y a los efectos de valorar la existencia de desequilibrio pese a las exigencias de buena fe con arreglo al [apartado 67 de la sentencia del Tribunal de Justicia de 26 de enero de 2017, Banco Primus (C-421/14, EU:C:2017:60),] resulta relevante la circunstancia de que el tipo efectivo resultante euríbor representa el precio por el

que las entidades adquieren el dinero que posteriormente prestan a sus clientes, en tanto que el tipo efectivo resultante de la determinación del tipo IRPH Cajas, siempre superior, representa el coste total abonado por los clientes a los que las Cajas de Ahorro han prestado ese dinero».

El Tribunal de Justicia de la Unión Europea ha abordado en sus cuestiones prejudiciales decimoséptima y decimoctava la interpretación del artículo 3, apartado 1, de la Directiva 93/13/CEE, en relación con la **posible abusividad de una cláusula de un contrato de préstamo hipotecario a tipo de interés variable**. Esta cláusula prevé la adaptación periódica del tipo de interés en función del valor de un índice de referencia determinado. Para determinar si una cláusula es abusiva, **es necesario comparar el método de cálculo del tipo de interés previsto por dicha cláusula con otros métodos de cálculo generalmente aplicados en el mercado**. En particular, se debe comparar con los tipos de interés aplicados en la fecha de celebración del contrato para préstamos de importe y duración equivalentes.

El TJUE señala que, para evaluar el carácter abusivo de una cláusula, es pertinente considerar tanto el método de cálculo del índice de referencia utilizado como el tipo efectivo resultante de dicha cláusula. Además, se debe tener en cuenta lo que representa concretamente cada uno de estos índices. Por ejemplo, en el caso del **IRPH**, se considera la **TAE media de los contratos de préstamo hipotecario comparables**, mientras que, para el **euríbor**, se considera el tipo de interés medio aplicable a los préstamos en euros entre bancos europeos.

Asimismo, el Tribunal de Justicia de la Unión Europea también aclara que **la existencia de un desequilibrio en detrimento del consumidor** no **depende** únicamente del índice de referencia utilizado, sino **del tipo de interés resultante de la cláusula**, teniendo en cuenta el diferencial positivo aplicado al valor de ese índice. A pesar de ello, **no se puede excluir** que ciertas particularidades del método de cálculo del tipo de interés contractual o del propio índice de referencia puedan crear un **desequilibrio en detrimento del consumidor**, especialmente debido a su impacto en la evolución de ese tipo o índice.

Es por todo ello que el TJUE en la **sentencia n.º C-300/23** manifiesta que el artículo 3, apartado 1, de la Directiva 93/13/CEE debe interpretarse en el sentido de que, para apreciar el carácter eventualmente abusivo de una cláusula de un contrato de préstamo hipotecario a tipo de interés variable, es conveniente comparar el método de cálculo del tipo de interés ordinario previsto por dicha cláusula y el tipo efectivo resultante con los métodos de cálculo generalmente aplicados y los tipos de interés del mercado en la fecha de celebración del contrato. En caso de que se pudiese crear un desequilibrio en detrimento del consumidor, también tendrán relevancia otros aspectos del método de cálculo del tipo de interés contractual o del índice de referencia.

‖ Cuestiones prejudiciales decimonovena y vigésima

«19) Si resulta contrario al artículo 7.1 de la Directiva [93/13] que, declarada abusiva la cláusula que incorpora el tipo hipotecario IRPH Cajas al contrato suscrito entre un profesional y un consumidor, y resultando que el contrato no puede subsistir tras su expulsión del contrato, se supla esta con arreglo a la Disposición Adicional 15.ª de la Ley [14/2013], sustitución que llevaría a que, en beneficio del profesional, se mantuviera la misma situación de desequilibrio anulada por el juez nacional habida cuenta de que dicha norma supletoria estaba prevista para la sustitución pacífica del índice y pretendía que tal sustitución no alterara la situación existente previa a la desaparición de dicho índice.

20) Si, habida cuenta de que, según entiende el Banco de España, todos los reproches que cabe realizar al tipo hipotecario IRPH Cajas se hubieran neutralizado de haberse incorporado el correspondiente diferencial negativo, el artículo 6.1 de la Directiva [93/13] ha de interpretarse en el sentido de que, declarada abusiva la cláusula que incorpora el tipo IRPH Cajas al contrato suscrito entre un consumidor y un profesional, no se opone a que el juez nacional supla, con carácter retroactivo, el diferencial incorporado por el diferencial negativo que debió incorporarse en el momento de la contratación, con devolución al consumidor de cuanto le fue indebidamente detraído, con sus intereses, a fin de salvar la nulidad del contrato y transformar el contrato en el que debió suscribirse según advertía el Banco de España».

Estas cuestiones abordan la interpretación de los artículos 6, apartado 1, y 7, apartado 1, de la Directiva 93/13 en relación con la validez de cláusulas abusivas en contratos de préstamo hipotecario a tipo de interés variable. En particular, se plantea si, en caso de que un contrato no pueda subsistir sin una cláusula abusiva que prevé la adaptación periódica del tipo de interés, el juez nacional está obligado a sustituir dicha cláusula por una disposición supletoria de Derecho nacional, o si puede modificar retroactivamente la cláusula para eliminar el desequilibrio.

Así, el TJUE considera que según el artículo 6, apartado 1, de la Directiva 93/13, el juez debe abstenerse de aplicar las cláusulas abusivas para que no produzcan efectos vinculantes para el consumidor, salvo que este se oponga. **El contrato debe subsistir sin las cláusulas abusivas, siempre que sea jurídicamente posible según las normas del Derecho interno**.

En cuanto a la **sustitución por disposición supletoria**, si la subsistencia del contrato no es posible sin la cláusula abusiva, el artículo 6, apartado 1, permite que el juez **sustituya** la **cláusula** por una **disposición supletoria de Derecho nacional**, siempre que la anulación del contrato en su totalidad exponga al consumidor a **consecuencias especialmente perjudiciales**. Esto se justifica para evitar que el consumidor se vea más penalizado que el prestamista, como podría ocurrir si se exigiera el pago inmediato del préstamo pendiente.

Por otro lado, en la sentencia que se analiza en este tema, se contemplan una serie de **requisitos** para la **disposición supletoria**. En este sentido, la disposición supletoria debe ser **efectivamente supletoria** y tener un **alcance equivalente al de la cláusula que se pretende sustituir**. En el caso concreto, se menciona la disposición adicional decimoquinta de la Ley 14/2013, de 27 de septiembre, que establece un régimen transitorio para la sustitución de ciertos índices de referencia en contratos de préstamo hipotecario.

En lo relativo a las limitaciones a la modificación de cláusulas **el juez no puede modificar el contenido de una cláusula abusiva para remediar el des-**

equilibrio contractual, ya que esto podría eliminar el efecto disuasorio que la Directiva 93/13 pretende ejercer sobre los profesionales. La modificación de la cláusula podría incentivar a los profesionales a seguir utilizando cláusulas abusivas, sabiendo que el juez podría adaptarlas para mantener el contrato.

En definitiva, los artículos 6, apartado 1, y 7, apartado 1, de la Directiva 93/13 permiten que el juez **nacional sustituya una cláusula abusiva por una disposición supletoria de Derecho nacional** si la anulación del contrato completo perjudicaría al consumidor. Sin embargo, el juez no puede modificar la cláusula abusiva para corregir el desequilibrio contractual.

|| Cuestión prejudicial vigesimoprimera

> «21) Si resulta contrario al artículo 7.1 de la Directiva [93/13] que, declarada abusiva la cláusula que incorpora el tipo hipotecario IRPH Cajas al contrato suscrito entre un profesional y un consumidor, y declarado nulo el contrato por imposibilidad de subsistencia del mismo una vez expulsada dicha cláusula, se establezcan los efectos del artículo 1303 del Código Civil, de manera que el infractor resulta beneficiado al recuperar la totalidad de lo prestado, con intereses legales superiores a los recogidos en el contrato, y aplicables sobre la totalidad de lo prestado desde el primer día».

El TJUE considera necesario responder a esta cuestión prejudicial y observa que, aunque el órgano jurisdiccional remitente no menciona explícitamente el artículo 6, apartado 1, de la Directiva 93/13, esta disposición debe ser tenida en cuenta, ya que **prevé las consecuencias de la invalidez de una cláusula contractual**. Por lo tanto, la pregunta fundamental es si los artículos 6, apartado 1, y 7, apartado 1, de la Directiva 93/13 deben interpretarse en el sentido de que, si un contrato de préstamo hipotecario no puede subsistir sin una cláusula abusiva, se oponen a la aplicación de una disposición de Derecho nacional que permite al profesional recuperar la totalidad del préstamo con intereses calculados al tipo legal desde la fecha de disposición del préstamo.

El artículo 6, apartado 1, de la Directiva 93/13 obliga a los Estados miembros a establecer que **las cláusulas abusivas no vincularán al consumidor** en las condiciones estipuladas por sus derechos nacionales. Sin embargo, **la regulación nacional no puede modificar la amplitud de la protección garantizada por la Directiva 93/13 ni comprometer su eficacia**. En cuanto a las consecuencias prácticas de la nulidad de un contrato de préstamo hipotecario debido a cláusulas abusivas, el TJUE ha declarado que la compatibilidad de las normas nacionales con el Derecho de la Unión depende de si estas permiten restablecer la situación del consumidor como si el contrato no hubiera existido y no ponen en peligro el efecto disuasorio de la Directiva 93/13.

Las pretensiones del profesional solo pueden admitirse si no comprometen estos objetivos. Conceder a una entidad de crédito el derecho a solicitar una compensación que exceda del reembolso del capital transferido y, en su caso, del pago de intereses de demora, podría menoscabar el efecto disuasorio de la Directiva 93/13. La posibilidad de que el profesional perciba intereses de demora debe entenderse referida a los **intereses debidos**

a partir de un **requerimiento** de **devolución** de las **cantidades recibidas** en **cumplimiento del contrato anulado**. Permitir que el profesional reclame intereses desde la transferencia del capital prestado **podría poner en peligro** tanto el **efecto disuasorio** como la **efectividad de la protección** conferida a los **consumidores**.

Finalmente, se destaca que esta solución es conforme con el principio «*nemo auditur propriam turpitudinem allegans*», que **impide que una parte obtenga ventajas económicas de su comportamiento ilícito**. En conclusión, los artículos 6, apartado 1, y 7, apartado 1, de la Directiva 93/13 deben interpretarse en el sentido de que **se oponen a la aplicación de una disposición de Derecho nacional que permite al profesional recuperar la totalidad del préstamo con intereses calculados al tipo legal desde la fecha de disposición del préstamo, si el contrato no puede subsistir sin una cláusula abusiva.**

3.7. Las SSTS de 11 de noviembre de 2025: el análisis de la abusividad del IRPH caso a caso

El análisis del IRPH caso a caso: sentencias del Tribunal Supremo de 11 de noviembre de 2025

El Tribunal Supremo ha vuelto a pronunciarse sobre el índice IRPH en dos sentencias de fecha 11 de noviembre de 2025, destacando que no procede dar una respuesta unívoca sobre el carácter transparente y la abusividad de la cláusula, sino que debe analizarse su validez en cada caso y en función de las circunstancias de cada préstamo, facilitando unos parámetros orientativos.

Así, dicta estas dos nuevas sentencias:

- La **STS n.º 1590/2025, de 11 de noviembre, ECLI:ES:TS:2025:4876**: sobre el control de transparencia.
- La **STS n.º 1591/2025, de 11 de noviembre, ECLI:ES:TS:2025:4838**: sobre la abusividad.

El control de transparencia según la STS n.º 1590/2025, de 11 de noviembre

En primer lugar en la **STS n.º 1590/2025, de 11 de noviembre, ECLI:ES:TS:2025:4876**, adapta su doctrina en materia de control judicial de la transparencia de estos contratos, fijando directrices para los tribunales y la práctica bancaria en el territorio nacional, tras los recientes pronunciamientos del Tribunal de Justicia de la Unión Europea (TJUE), en concreto en las sentencias **n.º C-265/22, de 13 de julio de 2023, ECLI:EU:C:2023:578** y **n.º C-300/23, de 12 de diciembre de 2024, ECLI:EU:C:2024:1026**.

La controversia abordada por el Tribunal Supremo tiene su origen en un préstamo hipotecario suscrito en 2007 por un matrimonio y su hijo con

Caja Vital (actual Kutxabank S.A.), destinado a la adquisición de una vivienda protegida. Dicho préstamo, por un importe de 135.000 euros y con una duración de 25 años, establecía un interés fijo durante el primer año, para posteriormente referenciarse al IRPH de entidades, aplicando un diferencial del 0,6 %. La cláusula correspondiente, incluida en la escritura pública, especificaba de manera expresa la fórmula de cálculo, la referencia al IRPH y la aceptación por parte de los prestatarios de las variaciones del índice, conforme a la información publicada en el Boletín Oficial del Estado (BOE).

En 2016, tras el fallecimiento de uno de los prestatarios, la viuda y heredera presentó una reclamación ante Kutxabank, alegando falta de información sobre el funcionamiento y las implicaciones económicas del IRPH, bajo la creencia de que el préstamo estaba vinculado al Euríbor. Ante la falta de éxito de la reclamación extrajudicial, la demandante interpuso una demanda judicial, denunciando la falta de transparencia y el carácter abusivo de la cláusula del IRPH.

La sentencia de primera instancia declaró la nulidad de la referencia al «IRPH Entidades» por falta de transparencia y ordenó la devolución de los intereses cobrados bajo dicho índice. Esta decisión fue ratificada por la Audiencia Provincial, que consideró insuficiente la información proporcionada sobre el funcionamiento y evolución del índice, agravada por la ausencia de una oferta vinculante.

Kutxabank recurrió en casación, argumentando que el IRPH es un índice oficial, claramente definido, que la escritura fue leída por el notario y que los prestatarios tuvieron acceso previo a su contenido, cumpliendo así con las obligaciones legales y contractuales de transparencia.

El Tribunal Supremo, en su resolución, recuerda que su doctrina ya había reconocido que **las cláusulas que incorporan el IRPH**, dada su naturaleza de índice oficial y publicado, **pueden constituir condiciones generales de la contratación y ser sometidas a un control de transparencia**. El Alto Tribunal realiza un minucioso recorrido por la evolución jurisprudencial propia y del TJUE, así como por la normativa aplicable según la fecha y cuantía del préstamo.

Tras repasar la normativa sectorial (especialmente la Orden de 5 de mayo de 1994 y la Orden EHA/2899/2011), y la jurisprudencia nacional y europea, el Supremo se pronuncia sobre la incidencia que las últimas sentencias del TJUE tienen sobre el control de transparencia.

Recuerda que **el control de transparencia exige que el consumidor medio esté en condiciones de comprender el método de cálculo del interés (IRPH más diferencial) y de valorar las consecuencias económicas de la cláusula sobre sus obligaciones financieras.**

Según el Tribunal, la publicación en el BOE de la fórmula de cálculo del IRPH y de sus valores garantiza, en términos generales, que un consumidor razonablemente atento y perspicaz pueda conocer el funcionamiento del índice. **El banco cumple el control de transparencia si indica la referencia a la normativa pertinente (Circular 5/1994) y facilita al prestatario acceso a la información relevante, sin que sea exigible la entrega de compara-**

tivas con otros índices (como el Euríbor) ni la previsión de la evolución futura del IRPH. En este sentido recoge que:

> «(...) la STJUE de 12 de diciembre de 2024, C-300/23, vincula este bloque del control de transparencia al hecho de que la información sobre la definición y los valores del índice sean suficientemente accesibles para un consumidor medio. Esa accesibilidad se puede lograr gracias a las indicaciones dadas en tal sentido por el profesional, pero dichas indicaciones no son la única fuente posible, ni siquiera prioritaria, de modo que **la publicación del índice en el BOE colmaría el control de transparencia siempre que la entidad indique al consumidor tal circunstancia para que se le presente como accesible**. Se reitera, pues, que el banco no está obligado a informar de la definición del índice y su cálculo, ni de su evolución anterior, siempre que estos elementos resulten suficientemente accesibles para aquel gracias a las indicaciones del profesional al respecto. Ahora bien, **en ausencia de esas indicaciones que permiten al consumidor medio la accesibilidad a los datos, incumbe al profesional ofrecer directamente una definición completa del índice y cualquier otra información pertinente**, «en particular por lo que se refiere a una eventual advertencia hecha por la autoridad que haya establecido dicho índice acerca de sus particularidades y de las consecuencias de este que puedan considerarse importantes para el consumidor con el fin de evaluar correctamente las consecuencias económicas de la celebración del contrato de préstamo hipotecario que se le propone» (apartado 94)».

En relación con el denominada «diferencial negativo» aludido en la Circular 5/1994, el Supremo coincide con el TJUE en señalar que la mención a este diferencial en la información suministrada permitirá, en su caso, que el consumidor comprenda adecuadamente el concepto de TAE en los contratos sujetos a esta norma. Sin embargo, su omisión carece de relevancia si se incluía una referencia a la Circular 5/1994 (no siendo suficiente la mención a la Circular 8/1990) y se indica la TAE del primer periodo fijo.

Además, **la falta de entrega del folleto informativo prevista en la Orden de 1994 no conduce, por sí sola, a la falta de transparencia, siempre que pueda acreditarse que el consumidor recibió la información de otras fuentes** suficientes, como la escritura pública, la oferta vinculante o la información facilitada en oficinas bancarias.

El Supremo, revisando los hechos probados, observa que los prestatarios fueron adecuadamente informados: participaron en negociaciones previas, tuvieron acceso a la escritura antes de la firma, la cláusula estaba redactada de forma clara y explicando el índice aplicable, el diferencial y la publicación de sus valores en el BOE. Además, la demandante ya había contratado anteriormente con la misma entidad préstamos referenciados a Mibor y Euríbor, lo que descarta que pudiera confundir el índice aplicable en este caso.

Así, concluye que se cumplieron los parámetros del control de transparencia: el consumidor tenía elementos suficientes para comprender el funcionamiento del índice y las consecuencias económicas derivadas. En consecuencia, estima el recurso al considerar que **no procede entrar a controlar el**

carácter abusivo de la cláusula, al referirse al objeto principal del contrato y estar redactada de manera clara y comprensible, tal como exige la Directiva 93/13/CEE.

Esta sentencia, por tanto, clarifica que la validez de las cláusulas IRPH no está comprometida si al consumidor se le proporciona información accesible y suficiente, en particular mediante la referencia a la normativa y la publicación oficial del índice, sin que sea imprescindible una información personalizada sobre su evolución o comparativas con otros índices. Asimismo, el Supremo advierte que la solución puede variar en función de las circunstancias concretas de cada caso, especialmente si el préstamo se sujeta a diferentes normativas o la información facilitada no cumple los mínimos de transparencia fijados.

|| El juicio de abusividad según la STS n.º 1591/2025, de 11 de noviembre

En segundo lugar, la **STS n.º 1591/2025, de 11 de noviembre, ECLI:ES:TS:2025:4838**, también se pronuncia sobre el índice IRPH, señalando que no cabe una solución unívoca sobre la abusividad de la cláusula del interés variable referenciada al IRPH y confirmando su validez cuando cumpla con los requisitos de transparencia y no se cause un desequilibrio importante en perjuicio del consumidor.

En este caso el litigio tuvo su origen en el año 2020, cuando los demandantes interpusieron una demanda contra la entidad Unión de Créditos Inmobiliarios, S.A., solicitando la nulidad de la cláusula que vinculaba el interés variable de su préstamo hipotecario al índice «IRPH Cajas» y su índice sustitutivo, el «IRPH Entidades». Los demandantes alegaron que dicha cláusula era abusiva y no cumplía con los controles de transparencia exigidos por la normativa europea y española. Tras obtener resoluciones desfavorables tanto en primera como en segunda instancia, decidieron recurrir en casación ante el Tribunal Supremo.

El Tribunal Supremo, en su análisis, **partió de la premisa de que la cláusula no superaba el control de transparencia**, tal como había señalado la Audiencia Provincial. Sin embargo, reiteró que **la falta de transparencia no implica automáticamente la nulidad de la cláusula, sino que permite realizar un juicio de abusividad.** Este juicio debe valorar si la cláusula, en contra de las exigencias de la buena fe, causa un desequilibrio importante entre los derechos y obligaciones de las partes en perjuicio del consumidor.

En este caso, el Tribunal Supremo concluyó que no concurrían los elementos necesarios para declarar la cláusula abusiva. Entre los argumentos destacados, **el alto tribunal señaló que el índice IRPH es un índice oficial, supervisado por el Banco de España y publicado en el Boletín Oficial del Estado, lo que garantiza su transparencia y objetividad**. Además, indicó que la comparación entre el IRPH y otros índices, como el Euríbor, no puede realizarse de manera simplista, ya que el tipo de interés efectivo depende también del diferencial pactado y de otros factores como la solvencia del prestatario y las características del préstamo.

El Tribunal también tuvo en cuenta las ya citadas sentencias del TJUE, que establecen que la valoración de la abusividad debe realizarse en el momento de la contratación del préstamo, considerando todas las circunstancias concurrentes, y establece los siguientes **parámetros**:

- La valoración de la abusividad debe hacerse en el **momento de la contratación del préstamo**.

- La existencia eventual de un desequilibrio en detrimento del consumidor depende esencialmente, no del propio índice de referencia, sino del **tipo de interés que resulta efectivamente de esta cláusula**. Se han de tomar en consideración, no solo los valores del índice de referencia, sino también el diferencial aplicado contractualmente a ese índice, con el fin de comparar el tipo de interés efectivo resultante con los tipos de interés habituales del mercado.

- El carácter abusivo de una cláusula contractual se debe apreciar con referencia a **todas las demás cláusulas del contrato**. Puede ser pertinente examinar la naturaleza de las comisiones eventualmente estipuladas en otras cláusulas del contrato objeto del litigio principal, con el fin de comprobar si existe un riesgo de doble retribución de determinadas prestaciones del prestamista. Pero el hecho de que, debido a sus procedimientos de cálculo, índices como los IRPH se determinen tomando como referencias diferentes TAE, no produce el efecto de transformar el tipo de interés de un préstamo adaptado periódicamente según la evolución de los valores sucesivos de un IRPH en una TAE que pueda desglosarse, por una parte, en un tipo de interés ordinario propiamente dicho y, por otra parte, en diferenciales, comisiones y gastos.

- El hecho de que en la cláusula se haga **uso de un índice de referencia establecido a partir de las TAE** aplicables a los contratos tomados en consideración para calcular los valores sucesivos de este índice, y que esa TAE **incluya elementos derivados de cláusulas cuyo carácter abusivo se declare posteriormente**, no implica que la cláusula de adaptación del tipo de interés del contrato en cuestión deba considerarse abusiva.

- Se ha de **comparar el tipo efectivo de los intereses ordinarios resultante de la aplicación de la cláusula que establece como índice de referencia el IRPH y el tipo efectivo de esos intereses resultante con los métodos de cálculo generalmente aplicados, y, entre otros, con los tipos de interés aplicados en el mercado en la fecha en que se celebró el contrato de préstamo en cuestión a un préstamo de un importe y una duración equivalentes a los de dicho contrato**.

- Habrá que estar a las **circunstancias de cada caso** para valorar otros aspectos que puedan crear un desequilibrio en detrimento del consumidor.

En este sentido, el Supremo destacó que, en el momento de la firma del contrato, el tipo de interés resultante de aplicar el IRPH más el diferencial pactado no era desproporcionado en comparación con los tipos de interés habituales del mercado.

El fallo subraya la importancia de la información previa al contrato y la necesidad de que las entidades financieras cumplan con sus deberes de transparencia. Aunque en este caso la falta de transparencia no llevó a la nulidad de la cláusula, el Tribunal dejó claro que las entidades deben proporcionar información clara y comprensible sobre los índices de referencia y sus implicaciones económicas.

Por tanto, el Tribunal Supremo **reafirma la validez del índice IRPH como referencia en contratos hipotecarios, siempre que se cumplan los requisitos de transparencia y no se cause un desequilibrio importante en perjuicio del consumidor**.

3.8. ¿Qué fallan los juzgados y las audiencias provinciales sobre el IRPH?

El debate jurisprudencial en torno a la cláusula IRPH

El presente análisis pretende comparar los fallos emitidos por juzgados y audiencias provinciales en materia de cláusulas IRPH con las resoluciones dictadas por el TS, identificando en qué puntos convergen, en cuáles discrepan y cómo han influido las sentencias del TJUE en la materia.

Ante juzgados y audiencias provinciales los consumidores suelen plantear las siguientes **pretensiones en relación con el IRPH**:

1.- Determinación del carácter abusivo de las cláusulas IRPH y su consiguiente declaración de nulidad. Los **consumidores demandantes** suelen argumentar que la cláusula IRPH es abusiva debido a la falta de transparencia y a la información insuficiente proporcionada en el momento de la contratación del préstamo hipotecario por las **entidades bancarias demandadas**. En particular, se alega que no se informó adecuadamente a los prestatarios sobre la evolución histórica del índice IRPH y su comparación con otros índices como el Euríbor, lo que podría haber influido en su decisión de contratar el préstamo.

2.- Solicitud de restitución de las cantidades pagadas en exceso debido a la aplicación del IRPH, en caso de que se hubiera declarado la nulidad de la cláusula. Los demandantes buscan que se les devuelvan las cantidades pagadas de más en comparación con lo que habrían pagado si el préstamo hubiera estado referenciado a un índice más favorable, como el Euríbor.

Cuando estas demandas son estimadas por sentencia no firme, las entidades suelen recurrir ante el Tribunal Supremo a fin de que se reconozca la validez de la cláusula IRPH.

‖ Resumen de la postura del Tribunal Supremo acerca del IRPH y su seguimiento por la jurisprudencia menor

Como expresa la **SAP de Barcelona n.º 621/2025, de 14 de octubre, ECLI:ES:APB:2025:9262,** después de la STJUE n.º C-125/18, de 3 de marzo de 2020, ECLI:EU:C:2020:138 y de los autos del TJUE n.º C-655/2020, de 17 de noviembre de 2021, ECLI:EU:C:2021:943, y n.º C-79/21, de 17 de noviembre, ECLI:EU:C:2021:945, el Tribunal Supremo **mantiene que este tipo de cláusula litigiosa es transparente** toda vez que los datos de la evolución de los diferentes índices se publican oficialmente por el Banco de España, y un consumidor medio tendría fácil acceso a dichos datos, pudiendo informarse de la diferente carga económica que supondría elegir un índice u otro.

Y es que, aunque el juez nacional considerase que la cláusula del IRPH no supera el test de **trasparencia** material, considera el TS que la cláusula **no** puede ser declarada **abusiva**, al no cumplir los siguientes requisitos:

- Concurrencia de mala fe, la cual no cabe apreciar, ya que se utiliza uno de los índices oficiales ofrecidos por el Banco de España.
- Desequilibrio importante de las obligaciones de las partes en detrimento del consumidor, a la fecha de la firma del contrato.

El TS ha seguido manteniendo la validez de la cláusula IRPH aun tras la STJUE n.º C-265/22, de 13 de julio de 2023, ECLI:EU:C:2023:578, y la STJUE n.º C-300/23, de 12 de diciembre de 2024, ECLI:EU:C:2024:1026, ofreciendo en sus sentencias de 11 de noviembre de 2025 unos parámetros que deben valorarse a la hora de examinar la abusividad del IRPH, que mantienen la línea seguida por el Alto Tribunal en los supuestos analizados con anterioridad.

El criterio del Alto Tribunal **difiere** de lo considerado por distintos juzgados que sí apreciaron falta de transparencia de la cláusula IRPH, su consiguiente carácter abusivo y, por tanto, su nulidad. Jurisprudencia menor que ha **fallado en sentido contrario al del Tribunal Supremo** se halla, por ejemplo, en:

- La **sentencia del Juzgado de Primera Instancia de Burgos n.º 393/2020, de 04 de marzo, ECLI:ES:JPI:2020:3**, que declara que la cláusula que contiene la referencia al IRPH «(...) *evidencia ausencia de información detallada y pormenorizada, que no permite que un consumidor pueda llegar a comprender la forma de cálculo del índice de referencia adoptado ni del sustitutivo, aunque tales tipos de referencia estén legalmente permitidos; pues de la prueba practicada, no se acredita, correspondiendo la carga de la prueba a la entidad demandada, que ésta suministrara a la parte actora información específica relativa al alcance o funcionamiento de este tipo de referencia en virtud de la cual la actora pudieran valorar si le interesaba el préstamo con este tipo de referencia o un préstamo referenciado a Euribor, que era lo habitual en el momento de la constitución del préstamo con garantía hipotecaria, ni tampoco figura información sobre la evolución histórica del tipo de referencia, en comparación con el Euribor. En consecuencia. la entidad bancaria demandada no suministró información suficiente a los actores para que éstos pudieran comprende el alcance económico y jurídico de la cláusula(...)*». Por ello, falla la nulidad de la cláusula IRPH y condena a la entidad demandada a recalcular las cuotas del préstamo como si dicha cláusula nunca se hubiera aplicado, **utilizando en su lugar el Euríbor** más el diferencial pactado, dejando de aplicar en lo sucesivo el IRPH, sustituido por el Euribor más diferencial pactado de 0,50.

- La **sentencia del Juzgado de Primera Instancia de Lleida n.º 214/2020, de 09 de marzo, ECLI:ES:JPI:2020:4,** que afirma que «*La Jurisprudencia europea, como ya se ha indicado, exige que para dar cumplimiento a las exigencias de buena fe y equilibrio amparadas en la Directiva 93/13/CEE en los contratos celebrados entre consumidor y profesional, el Banco o entidad financiera correspondiente debe facilitar información que facilite a un consumidor medio la comprensión de las consecuencias jurídicas y económicas que supone referenciar el interés variable de su préstamo hipotecario al índice de referencia IRPH. Y esta información, específicamente, alude a una explicación completa sobre el método de cálculo empleada para obtener tal índice de referencia, así como un estudio de la evolución que tal índice había tenido con anterioridad a la firma del contrato*», y por ello, declara la nulidad de la cláusula IRPH y ordena que las partes se restituyan recíprocamente cuantas obligaciones hayan satisfecho como consecuencia de la escritura pública litigiosa. Al no desaparecer la obligación inicial, se acuerda la **sustitución del índice IRPH por el Euríbor**, con la restitución de los intereses indebidamente cobrados por la entidad bancaria al no haberse aplicado el índice Euribor, más los intereses devengados desde cada uno de los cobros indebidos.

- La **sentencia del Juzgado de Primera Instancia de Soria n.º 521/2025, de 15 de septiembre, ECLI:ES:JPII:2025:338,** en la que siguiendo la línea de las anteriores destaca que «(...) *el índice de referencia IRPH en sus diversas modalidades, presenta una complejidad y dificultad en su configuración respecto de otros posibles índices oficiales que podrían haber sido utilizados, puesto que su cálculo incluye las comisiones y demás gastos que los clientes pagan a la entidad; realizándose el cálculo a través de una media simple de los tipos de intereses medios suministrados, sin ningún mecanismo de corrección de las desviaciones que se observen. Además, la normativa aplicable no aclaraba o especificaba si los tipos de interés medio se refieren a los intereses realmente aplicados por la entidad, a los intereses inicialmente contratados, o a los intereses actualizados tras la correspondiente revisión. A lo que hay que añadir que este índice se configura a partir de la información que suministran las propias entidades*». También en este caso se declara nula la cláusula y se condena a recalcular las cuotas y devolver las cantidades que el demandante hubiese abonado de más durante la aplicación del IRPH.

- La **sentencia del Juzgado de Primera Instancia de Coria, rec. n.º 459/2025, de 22 de octubre, ECLI:ES:JPII:2025:345,** que subraya que, si bien la redacción es comprensible para un lector interesado, objetivo y con una comprensión lectora media, «*la redacción es innecesaria y excesivamente larga. Además (...) "las cláusulas aparecen ubicadas en el contrato alejadas de aquellos elementos que permiten calcular el interés aplicable durante la segunda fase del contrato, intercalando entre esos dos parámetros imprescindibles para obtener el interés aplicable (referencia y diferencial) y la cláusula suelo,* *figuran cláusulas con escasísima trascendencia práctica que regulan aspectos secundarios. Ello puede desorientar al consumidor, evitando que centre su atención en aquello que es realmente importante. En definitiva, que la cláusula se relegue, anteponiendo otras de menor trascendencia, contribuye a devaluar su enorme incidencia en la determinación del precio, máxime en contextos, como el actual, de bajos tipos de interés».* Añade también que **no se ha probado la información previa necesaria para entender el alcance de la cláusula ni su evolución**, y por todo ello estima la pretensión de la demandante declarando nula la cláusula, y condena a la entidad bancaria a restituir a esta parte las cantidades indebidamente cobradas por la aplicación de la mencionada cláusula, así como la diferencia del principal restante dimanante de cada uno de los cuadros de amortización, con sus intereses devengados hasta la fecha de cada cobro, **teniendo como base de cálculo para el interés ordinario únicamente el diferencial pactado**. Llama especialmente la atención que en esta sentencia **no se sustituye el IRPH por ningún otro índice**.

|| Jurisprudencia menor a favor de la doctrina del Tribunal Supremo

Entre otras resoluciones, se citan, a título de ejemplo, las siguientes que, siguiendo la línea marcada por el Tribunal Supremo, no consideran abusiva la cláusula del IRPH:

La ya mencionada SAP de Barcelona n.º 621/2025, de 14 de octubre, ECLI:ES:APB:2025:9262, que declara la cláusula transparente y no abusiva, en los siguientes términos:

> «(...) resulta a nuestro juicio imposible considerar que la entidad bancaria actuó en contra de la buena fe al utilizar uno de los índices oficiales de referencia definidos y controlados por el Banco de España, y que, en particular, se utilizan por las Administración Publicas para proteger a los consumidores que se encuentran en mayor situación de vulnerabilidad. Argumentos a los que podemos añadir, en especial para el IRPH Entidades, que la Ley 14/2013, de 27 de septiembre, DA 15ª, que elimina de forma definitiva la publicación de los índices IRPH Cajas y Bancos, mantiene de forma supletoria la aplicación del IRPH Entidades. Resulta realmente difícil sostener que la utilización del índice previsto supletoriamente por el Legislador para suprimir los otros dos, pueda considerarse abusivo al utilizarse por una entidad de crédito».

La SAP de Málaga n.º 629/2025, de 25 de septiembre, ECLI:ES:APMA:2025:3737, que desestima la consideración de la cláusula como abusiva al no haberse aportado informe comparativo que pruebe el desequilibrio:

> «(...) la Sala, recordando que la falta de transparencia es condición necesaria pero no suficiente para apreciar la abusividad de la cláusula, podríamos concluir, en el concreto caso que nos ocupa y a la vista de la prueba practicada, en la falta de información suficiente ofrecida al consumidor; ahora bien, tal como hemos dicho, esa falta de transparencia no supone por sí sola la nulidad de la cláusula, debiendo apreciarse además

un desequilibrio significativo y analizarse la buena fe por parte de la entidad prestamista. Es cierto que, en cuanto a la buena fe, (...) establece que «... la buena fe del profesional no puede presumirse en caso de que, en una cláusula que prevé la adaptación periódica del tipo de interés de un contrato de préstamo hipotecario, se haga uso de un índice de referencia por el mero hecho de que se trate de un índice oficial establecido por una autoridad administrativa y utilizado por las administraciones públicas» pero también lo es que, en lo relativo al desequilibrio que se requiere para que la cláusula sea declarada abusiva, la sentencia analizada establece que «La apreciación del eventual carácter abusivo de tal cláusula debe hacerse en función de las circunstancias propias del caso, tomando en consideración, en particular, el incumplimiento del requisito de transparencia y comparando el método de cálculo del tipo de los intereses ordinarios previsto por esta cláusula y el tipo efectivo de esos intereses resultante con los métodos de cálculo generalmente aplicados y, entre otros, con los tipos de interés aplicados en el mercado en la fecha en que se celebró el contrato de préstamo en cuestión a un préstamo de un importe y una duración equivalentes a los de dicho contrato» (punto 133 de la STJUE a lo que también se refiere en los puntos 113 y 140). En el caso de autos, en cualquier caso, no podemos concluir en la existencia del mencionado desequilibrio; efectivamente, **no existe prueba suficiente en autos de ese desequilibrio para el consumidor puesto que no se ha aportado, mediante la incorporación a las actuaciones del correspondiente informe, un estudio comparativo en los términos expuestos**. Ello conlleva, por sí solo y necesariamente, que no proceda la declaración de nulidad por abusiva de la cláusula IRPH».

La SAP de Teruel n.º 166/2025, de 23 de septiembre, ECLI:ES:APTE:2025:202, que estima un recurso de la entidad bancaria y subraya la validez de la cláusula al considerar suficiente la información facilitada por la entidad, y no justificar la parte actora el desequilibrio ocasionado.

La **SAP de Tarragona n.º 611/2024, de 17 de octubre, ECLI:ES:APT:2024:1636,** que recuerda que *«Únicamente se ha asimilado la falta de transparencia a la abusividad en determinadas cláusulas, como es el caso de las denominadas «cláusulas suelo», por entrañar un elemento engañoso, o de las cláusulas «multidivisa» o «multimoneda», por ocultarse graves riesgos para el consumidor. No es el caso de la utilización de uno u otro de los índices de referencia oficiales para los préstamos hipotecarios».*

La **SAP de Tarragona n.º 633/2024, de 24 de octubre, ECLI:ES:APT:2024:1700,** que determina que *«no procede declarar la abusividad de la cláusula que establece el IRPH». Las consideraciones contenidas en estas resoluciones fueron ratificadas por los dos Autos del TJUE de 17 de noviembre de 2021 recaídos en los asuntos C-655/2020 y C-79/21. Tales autos del TJUE confirman que la jurisprudencia del Tribunal Supremo sobre el control de abusividad de esta cláusula ha interpretado correctamente la Directiva 93/13/CEE. Y a todo lo expuesto debemos añadir que, a juicio de esta Sala, la reciente sentencia del TJUE de 13 de julio de 2023 (asunto C-265/22), no varía la doctrina sobre la cláusula IRPH sentada por la jurisprudencia del Tribunal Supremo. Así lo ha mantenido recientemente esta Sala en auto de 29 de febrero de 2024, recurso de apelación 427/2022».*

|| Posibles cambios a partir de las SSTS de 11 de noviembre de 2025

A raíz de la interpretación realizada por el Tribunal Supremo de la STJUE n.º C-300/23, de 12 de diciembre de 2024, no parece muy probable que se produzcan cambios sustanciales con relación a esta cláusula, ya que el Alto Tribunal mantiene su línea restrictiva a la hora de valorar la abusividad de las cláusulas que contienen este índice.

Para superar el control de transparencia el TS entiende que sería suficiente la mención a la Circular 5/1994 y, en su defecto, también se superaría dicho control si le hubiese proporcionado una definición completa del índice y cualquier otra información pertinente.

A partir de los parámetros contenidos en la **STS n.º 1591/2025, de 11 de noviembre, ECLI:ES:TS:2025:4838**, y relacionados con la abusividad de este índice, la sala confirma la necesidad de valorar las circunstancias concretas de cada caso en el momento de la contratación, y la importancia de comparar el interés efectivamente aplicado, teniendo en cuenta el diferencial, con otros tipos de mercado habituales.

4.
¿CÓMO RECLAMAR LA NULIDAD POR ABUSIVA DE LA CLÁUSULA IRPH Y CONSEGUIR LA DEVOLUCIÓN DE LAS CANTIDADES PAGADAS?

¿Puede reclamarse la nulidad por abusiva de la cláusula IRPH y solicitar la devolución de las cantidades pagadas de forma indebida?

La cláusula IRPH ha sido objeto de numerosas reclamaciones por su carácter abusivo y falta de transparencia. Es por ello por lo que, luego de realizar un análisis de la jurisprudencia del TJUE y del Tribunal Supremo, puede afirmarse que, efectivamente, es posible reclamar la nulidad por abusiva de la cláusula IRPH, así como solicitar la devolución de las cantidades pagadas, siempre y cuando la concreta cláusula IRPH no cumpla con los parámetros sobre transparencia y abusividad señalados por nuestros tribunales.

En virtud del artículo 83 de la LGDCU:

«Las cláusulas abusivas serán nulas de pleno derecho y se tendrán por no puestas. A estos efectos, el Juez, previa audiencia de las partes, declarará la nulidad de las cláusulas abusivas incluidas en el contrato, el cual, no obstante, seguirá siendo obligatorio para las partes en los mismos términos, siempre que pueda subsistir sin dichas cláusulas.

Las condiciones incorporadas de modo no transparente en los contratos en perjuicio de los consumidores serán nulas de pleno derecho».

Una vez determinada la posibilidad de reclamar, es importante señalar los dos tipos de reclamación que proceden:

- Reclamación extrajudicial preceptiva.
- Reclamación judicial.

|| Reclamación extrajudicial

Por la publicación de la LO 1/2025, de 2 de enero, de medidas en materia de eficiencia del Servicio Público de Justicia, y con entrada **en vigor el 3 de abril de 2025**, se introduce como **requisito de procedibilidad** en las **acciones de reclamación de devolución de las cantidades indebidamente satisfechas por el consumidor en aplicación de determinadas cláusulas suelo o de cualesquiera otras cláusulas que se consideren abusivas contenidas en contratos de préstamo o crédito garantizados con hipoteca inmobiliaria**, una **reclamación extrajudicial previa** frente a las personas físicas o jurídicas que realicen la actividad de concesión de préstamos o créditos de manera profesional. La regulación de dicha reclamación extrajudicial previa se contiene en el nuevo artículo 439 bis de la LEC. Además, se añade un nuevo apartado 5 al artículo 439 de la LEC.

Esta reclamación extrajudicial debe requerir a la entidad bancaria que reconozca expresamente el carácter abusivo de dichas cláusulas, en el caso que nos ocupa la del IRPH, y consecuentemente que devuelva las cantidades indebidamente satisfechas por el consumidor.

Este procedimiento previo a la vía judicial tiene como objetivo facilitar una solución amistosa entre el consumidor y la entidad financiera. A continuación, se detalla el proceso:

- **Inicio de la reclamación previa**: el consumidor debe remitir la reclamación previa a la persona física o jurídica que realice la actividad de concesión de préstamos o créditos de manera profesional. La entidad destinataria deberá admitir o denegar la reclamación. Este procedimiento es aplicable exclusivamente a préstamos o créditos garantizados con hipoteca inmobiliaria.

- **Cálculo y respuesta de la entidad**: una vez recibida la reclamación, la entidad debe realizar un cálculo desglosado de la cantidad a devolver, incluyendo los intereses correspondientes. Además, debe pronunciarse sobre la nulidad de las cláusulas que el consumidor haya señalado como abusivas. Si considera que no procede la devolución o rechaza la abusividad de las cláusulas, debe comunicar razonadamente los motivos de su decisión, sin que pueda alegar otros diferentes en un eventual proceso judicial.

- **Postura del consumidor**: el consumidor debe manifestar si está de acuerdo con el cálculo y la posición de la entidad respecto a la abusividad de las cláusulas. Si ambas partes llegan a un acuerdo, la entidad procederá a la devolución del efectivo y, en su caso, reconocerá la nulidad de las cláusulas abusivas.

- **Plazo máximo para el acuerdo**: el plazo máximo para que el consumidor y la entidad lleguen a un acuerdo es de un mes desde la presentación de la reclamación. Si no se alcanza un acuerdo en este plazo, se entenderá que el procedimiento extrajudicial ha concluido sin acuerdo, lo que también sucederá en los siguientes casos:

  » Cuando la entidad rechaza expresamente la solicitud del consumidor.

» Cuando finaliza el plazo de un mes sin comunicación alguna por parte de la entidad.

» Cuando el consumidor no está de acuerdo con el cálculo realizado, rechaza la cantidad ofrecida o no muestra conformidad con la posición de la entidad sobre la nulidad de las cláusulas.

• **Incumplimiento del acuerdo**: si transcurre un mes desde la aceptación de la oferta por el consumidor y la entidad no pone a disposición la cantidad ofrecida, esta devengará intereses legales incrementados en ocho puntos. Además, el consumidor podrá acudir a la vía judicial sin perjuicio de que continúe el devengo de los intereses.

• **Confidencialidad y valoración en el proceso judicial**: durante el procedimiento extrajudicial, las partes no podrán ejercitar ninguna acción judicial o extrajudicial sobre el objeto de la reclamación. Sin embargo, la posición mantenida por las partes durante esta negociación podrá ser valorada en un eventual proceso judicial, especialmente en relación con las costas procesales.

• **Carácter gratuito**: este procedimiento tiene carácter gratuito para el consumidor. En caso de formalizarse un acuerdo, los derechos arancelarios notariales y registrales se limitarán a los correspondientes a un documento sin cuantía y a una inscripción mínima.

En conclusión, el artículo 439 bis de la LEC establece un procedimiento extrajudicial obligatorio y gratuito para intentar resolver conflictos relacionados con cláusulas abusivas en préstamos hipotecarios antes de acudir a la vía judicial. Este procedimiento busca garantizar la transparencia y la protección de los derechos del consumidor. Una vez que reciba la reclamación, la entidad de crédito debe efectuar un cálculo de la cantidad a devolver y remitirle al consumidor una comunicación donde se desglose dicho cálculo, y donde se deberá incluir necesariamente aquellas cantidades correspondientes en concepto de intereses. Si la entidad considerase que la devolución no procede, comunicará las razones motivando esa decisión, lo cual dará por concluido el procedimiento extrajudicial. Por su parte, el consumidor debe manifestar si está de acuerdo con el cálculo y, en caso de estarlo, la entidad de crédito acordará con él la devolución del efectivo.

> **A TENER EN CUENTA**. Antes del 3 de abril de 2025, estas reclamaciones extrajudiciales se regían por lo dispuesto en el derogado artículo 3 del Real Decreto-ley 1/2017, de 20 de enero, de medidas urgentes de protección de consumidores en materia de cláusulas suelo.

‖ Reclamación judicial

Si la entidad financiera no responde favorablemente a la reclamación extrajudicial que se ha expuesto en líneas anteriores, procede interponer una demanda judicial. La demanda debe fundamentarse en la falta de transparencia y el carácter abusivo de la cláusula. Así, los argumentos que fundamentarían la demanda podrían ser los siguientes:

- **Falta de transparencia**: la entidad financiera no proporcionó información clara y comprensible sobre el funcionamiento del IRPH y sus consecuencias económicas, incumpliendo así los requisitos de transparencia establecidos por la LCGC y la LGDCU, y delimitados a raíz de los numerosos pronunciamientos judiciales sobre la materia. A este respecto, no podemos olvidar que tras los últimos pronunciamientos del TS, de 11 de noviembre de 2025, no basta que la cláusula mencione la Circular 8/1990, debe hacerse referencia expresa a la Circular 5/1994, o en su defecto garantizar por otros medios que el consumidor recibió información suficiente para comprender la cláusula y su alcance.

- **Carácter abusivo**: deberá justificarse y probarse que la cláusula IRPH causa un desequilibrio importante en perjuicio del consumidor. Nuevamente en este caso conviene recordar la doctrina de nuestro Alto Tribunal en virtud de la cual, entre otras cosas, debe compararse el interés efectivamente aplicado, con otros habituales de mercado, en el momento de llevarse a cabo la contratación para valorar la posible existencia de un desequilibrio importante en detrimento del consumidor.

Las consecuencias que tendría la declaración de nulidad de la cláusula IRPH serían las siguientes:

- **Devolución de cantidades pagadas**: una vez declarada la nulidad de la cláusula IRPH, el consumidor tiene derecho a la devolución de las cantidades pagadas en exceso, más los intereses legales correspondientes.

- **Reajuste del préstamo**: el contrato de préstamo hipotecario seguirá siendo válido, pero sin la cláusula IRPH, lo que puede implicar un reajuste del tipo de interés aplicable. En este sentido hay que traer a colación que la **STJUE n.º C-300/23, de 12 de diciembre de 2024, ECLI:EU:C:2024:1026**, permite que el juez nacional sustituya la cláusula del IRPH por una disposición supletoria de Derecho nacional, siempre que esta tenga un alcance equivalente al de la cláusula que se pretende sustituir. Por el contrario, no podría modificar dicha cláusula añadiendo elementos que permitan remediar el desequilibrio que genera en detrimento del consumidor. Además, también se opone a que la entidad bancaria tenga derecho a obtener la recuperación de la totalidad de la cantidad prestada, incrementada con intereses calculados al tipo legal a partir de la fecha en que se puso a disposición del consumidor esta cantidad.

En cuanto al **plazo para llevar a cabo la reclamación judicial**, cabe destacar dos plazos distintos en función de lo reclamado:

- Si se reclama la nulidad de la cláusula abusiva, en este caso la del IRPH, la acción es imprescriptible.

- Por el contrario, si se pretende la restitución de las cantidades pagadas de más en virtud de la mentada cláusula, la acción prescribiría a los 5 años desde la firmeza de la sentencia que declara la nulidad, salvo que la entidad bancaria pueda probar que el consumidor ya conocía la abusividad de la cláusula con anterioridad.

CUESTIÓN

¿Puede reclamarse la nulidad de una cláusula cuyo contrato ya ha finalizado?

Si, y en este sentido se ha pronunciado la **STS n.º 662/2019, de 12 de diciembre, ECLI:ES:TS:2019:3911**, en virtud de la cual puede afirmarse que no existe un fundamento legal para afirmar que la consumación de un contrato impide el ejercicio de la acción de nulidad. Así:

«(...) Es más, el art. 1301 del Código Civil fija la consumación del contrato como término inicial del plazo para ejercitar la acción de nulidad por error, dolo o falsedad de la causa.

2.- Otro tanto ocurre con la extinción del contrato. Si la acción ejercitada por los recurrentes hubiera ido dirigida exclusivamente a que se declarara la nulidad del contrato o de una cláusula, sin formularse una petición restitutoria, podría cuestionarse que exista un interés legítimo en obtener un pronunciamiento meramente declarativo en un contrato ya extinguido. Pero en el caso objeto del recurso, la finalidad de la demanda interpuesta por los hoy recurrentes fue obtener la restitución de lo indebidamente cobrado por la entidad financiera en la aplicación de la cláusula suelo. La solicitud en la demanda de un pronunciamiento judicial que declarara la nulidad de dicha cláusula ha de entenderse como un antecedente necesario para lograr el pronunciamiento que condena a la restitución de lo indebidamente cobrado en aplicación de la cláusula nula. Los prestatarios tienen un interés legítimo en obtener la restitución de lo que pagaron en aplicación de una cláusula que consideran nula de pleno derecho por ser abusiva».

Por tanto, podemos concluir que «*(...) la extinción del contrato no es por sí misma un obstáculo para el ejercicio de la acción de nulidad del propio contrato o de alguna de sus cláusulas*».

| La prueba del desequilibrio

Otro punto importante que hay que valorar a la hora de presentar una demanda sobre la cláusula del IRPH es la **conveniencia de aportar un informe pericial** para realizar una comparativa entre el tipo efectivo de los intereses ordinarios resultante de la aplicación de la cláusula que establece como índice de referencia el IRPH y el tipo efectivo de esos intereses resultante con los métodos de cálculo generalmente aplicados en la fecha en la que se firmó el contrato, y poder demostrar así la existencia de un desequilibrio en detrimento del consumidor, ya que no podemos olvidar que la carga de la prueba en este punto recae sobre el consumidor.

En este sentido ya existe numerosa jurisprudencia en la que se desestima la demanda del consumidor por considerar que no existe prueba suficiente del desequilibrio, lo que entendemos que podría haberse superado si se acompañase el correspondiente informe. En este sentido se han pronunciado, por ejemplo, la **SAP de Málaga n.º 629/2025, de 25 de septiembre, ECLI:ES:APMA:2025:3737**, o la **SAP de Teruel n.º 166/2025, de 23 de septiembre, ECLI:ES:APTE:2025:202**.

A raíz de las últimas sentencias del Tribunal Supremo de noviembre de 2025, parece confirmarse la necesidad de este informe al figurar entre los parámetros a tener en cuenta a la hora de valorar la abusividad, la existencia de un desequilibrio en detrimento del consumidor, a raíz no solo del propio índice sino del tipo de interés que resulta efectivamente aplicado tomando en consideración el diferencial aplicado, y la comparación de estos tipos con los resultantes de otros métodos de cálculo aplicados en la época en la que se celebró el contrato.

ANEXO I.
CASOS PRÁCTICOS

Caso práctico | Posible nulidad de la cláusula IRPH por falta de transparencia

PLANTEAMIENTO

«A» suscribió un contrato de préstamo hipotecario con la entidad «XYZ» en el año 2010. En dicho contrato, se estableció que el tipo de interés aplicable sería el Índice de Referencia de Préstamos Hipotecarios (IRPH) más un diferencial del 0,5 %. «A» no recibió información detallada sobre el funcionamiento del IRPH ni sobre las posibles alternativas, como el euríbor, que podría haber sido más beneficioso para él ya que tras varios años de pagar su hipoteca, se dio cuenta de que el IRPH se mantenía en niveles más altos que el euríbor, lo que le suponía un mayor coste financiero.

¿Podría considerarse que la cláusula IRPH es abusiva por falta de transparencia? ¿Podría solicitar la nulidad de dicha cláusula y la devolución de las cantidades pagadas en exceso?

RESPUESTA

Sí, la cláusula IRPH podría ser considerada abusiva por falta de transparencia. Esta afirmación está sostenida por la jurisprudencia del Tribunal Supremo y del Tribunal de Justicia de la Unión Europea, que se procede a analizar.

Así, la **sentencia del Tribunal Supremo n.° 241/2013, de 9 de mayo, ECLI:ES:TS:2013:1916**, manifiesta lo siguiente:

«(...) conforme a la Directiva 93/13/CEE y a lo declarado por esta Sala en la Sentencia 406/2012, de 18 de junio, el control de transparencia, como parámetro abstracto de validez de la cláusula predispuesta, esto es, fuera del ámbito de interpretación general del Código Civil del 'error propio' o 'error vicio', cuando se proyecta sobre los elementos esenciales del contrato tiene por objeto que el adherente conozca o pueda conocer con sencillez tanto la 'carga económica' que realmente supone para él el contrato celebrado, esto es, la onerosidad o sacrificio patrimonial realizada a cambio de la prestación económica que se quiere obtener, como la carga jurídica del mismo, es decir, la definición clara de su posición jurídica tanto en los presupuestos o elementos típicos que configuran el contrato celebrado, como en la asignación o distribución de los riesgos de la ejecución o desarrollo del mismo».

El TS aclara que el hecho de que una cláusula sea **comprensible** y **clara no** quiere decir que sea **equilibrada** o que **beneficie al consumidor**, sino que «si se refiere a cláusulas que describen o definen el objeto principal del contrato en los términos expuestos no cabe control de abusividad -este control sí es posible en el caso de cláusulas claras y comprensibles que no se refieren al objeto principal del contrato-». Esto quiere decir que la falta de transparencia no supone necesariamente que sean desequilibradas y que se produzca un desequilibrio importante en detrimento del consumidor.

Por su parte, la **sentencia del TJUE n.° C-265/22, de 13 de julio de 2023, ECLI:EU:C:2023:578**, apunta:

«Desempeñan un papel decisivo en esa apreciación, por una parte, la cuestión de si las cláusulas están redactadas de forma clara y comprensible, de modo que permitan a un consumidor medio, a saber, un consumidor normalmente informado y razonablemente atento y perspicaz, evaluar tal coste, y, por otra parte, la mención o la falta de mención en el contrato de crédito de aquella información que se considere esencial a la vista de la naturaleza de los bienes o de los servicios que son objeto de dicho contrato (...).

Por lo que respecta, más concretamente, a una cláusula que, en un contrato de préstamo hipotecario, estipula una remuneración de ese préstamo mediante intereses que se calculan según un tipo variable establecido, como en el litigio principal, por referencia a un índice oficial, la exigencia de transparencia se ha de entender en el sentido de que impone, en particular, que un consumidor medio, normalmente informado y razonablemente atento y perspicaz, esté en condiciones de comprender el funcionamiento concreto del modo de cálculo de ese tipo de interés y de valorar así, basándose en criterios precisos e inteligibles, las consecuencias económicas, potencialmente significativas, de tal cláusula sobre sus obligaciones financieras».

Así, el TJUE ha abordado la exigencia de transparencia en la redacción de las cláusulas contractuales, según los artículos 4 y 5 de la Directiva 93/13/CEE, concluyendo que es fundamental que el consumidor esté **adecuadamente informado** sobre las condiciones del contrato y las consecuencias resultantes de su celebración. Considera que la falta de **información clara y comprensible** puede llevar a un **desequilibrio significativo entre los derechos y obligaciones** de las partes, justificando la **calificación** de una **cláusula** como **abusiva**

De igual manera, subraya que la **exigencia de claridad y comprensibilidad no se limita a la cláusula en sí**, sino que también considera el **contexto** de la **información disponible** al **consumidor**. Es pertinente evaluar si el consumidor medio podía entender el funcionamiento del índice IRPH y cómo afectaría a sus obligaciones financieras bajo el contrato de préstamo. La **falta de información crítica** sobre el cálculo de este índice, no comunicada adecuadamente en la fase precontractual, puede derivar en un **desequilibrio** en **detrimento** del consumidor y en una práctica abusiva.

Finalmente, el TJUE concluye que, para **evaluar** la **transparencia** y el **carácter potencialmente abusivo** de una cláusula que designa un índice como el IRPH, es relevante considerar la información de otras circulares que **puedan influir en la comprensión del consumidor** sobre las condiciones de su contrato, especialmente en lo relacionado con el tipo de interés aplicado comparado con los tipos del mercado

En el caso de «A», **no se le informó adecuadamente** sobre el IRPH **ni se le ofrecieron simulaciones** de escenarios diversos relacionados con el comportamiento previsible del tipo de interés en el momento de contratar. De igual forma, **tampoco se le proporcionó información comparativa** con otras modalidades de préstamo, como, por ejemplo, con el euríbor.

Por todo ello, en base a la falta de transparencia en la información proporcionada a «A» sobre el IRPH y en virtud de la jurisprudencia analizada, se puede concluir que la cláusula IRPH en su contrato de préstamo hipotecario es abusiva. Por lo tanto, «A» tiene derecho a solicitar la nulidad de dicha cláusula y la devolución de las cantidades pagadas en exceso debido a la aplicación del IRPH en lugar de un índice más beneficioso como el euríbor.

Caso práctico | Inexistencia de abusividad de la cláusula IRPH

PLANTEAMIENTO

«B» ha suscrito un préstamo hipotecario a interés variable con la entidad bancaria «XYZ S.A.» en fecha 1 de junio de 2008. En el contrato de préstamo se establece que el tipo de interés será referenciado al IRPH Cajas con un diferencial del 0,5 %. A lo largo de los años, el consumidor observa que las cuotas del préstamo son más elevadas en comparación con las de préstamos referenciados al euríbor, una circunstancia que le genera inquietud sobre la legalidad de la cláusula de interés incluida en su contrato.

En febrero de 2021, «B» decide interponer una demanda, solicitando la declaración de nulidad de la cláusula IRPH, argumentando que es abusiva, ya que considera que no existe un balance equitativo entre los derechos y obligaciones que derivan de la misma, y que no fue suficientemente informado sobre las implicaciones del IRPH al momento de la suscripción del contrato.

¿Existe en el préstamo que se ha suscrito tal abusividad en la cláusula IRPH?

RESPUESTA

En virtud de la **sentencia del Tribunal Supremo n.° 595/2020, de 12 de noviembre, ECLI:ES:TS:2020:3613, la inclusión del IRPH en el contrato hipotecario no es, por sí misma, una cláusula abusiva**. La sentencia menciona que el IRPH era un índice oficialmente reconocido y regulado por las autoridades bancarias en el momento de su inclusión, lo que legitima su uso en contratos de préstamo hipotecario.

El tribunal también concluyó que un índice de referencia legal, como el IRPH, puede ser considerado como una condición general de contratación. No obstante, dicha condición debe someterse a un control de transparencia. En el caso en cuestión, aunque la cláusula de IRPH es transparente, ello no implicaba necesariamente que fuese abusiva sin otro análisis comparativo de las distintas condiciones del contrato, ni de la evolución del mercado hipotecario.

Así pues, la sentencia manifiesta lo siguiente:

> «El art. 82.3 TRLCU establece que el carácter abusivo de una cláusula se apreciará considerando todas las circunstancias concurrentes en el momento de su celebración. **La evolución más o menos favorable del índice durante la vida del préstamo no puede ser determinante de su carácter abusivo**. Sin embargo, lo que el recurrente considera que ha provocado que, en contra de las exigencias de la buena fe, se haya causado, en su perjuicio, un desequilibrio importante de los derechos y obligaciones de las partes que se deriven del contrato, ha sido, en realidad, la evolución divergente del Euribor y del IRPH en los años posteriores a la contratación del préstamo, puesto que, aunque ambos índices oficiales han bajado desde que el demandante suscribió el préstamo hipotecario, el Euribor ha bajado más que el IRPH».

Por tanto, podría concluirse que **no existe una abusividad en la cláusula IRPH del préstamo suscrito por «B» ya que el mero uso del IRPH como índice de referencia en el préstamo hipotecario no es una cláusula abusiva**, siempre y cuando se evidencie la transparencia y el consumidor haya tenido la capacidad de entender su funcionamiento al momento de la contratación.

Caso práctico | Análisis de la abusividad de la cláusula IRPH en hipotecas

PLANTEAMIENTO

«X» suscribe en el año 2015 un contrato de préstamo hipotecario con una entidad bancaria, estableciendo como índice de referencia para el tipo de interés el IRPH. Tras varios años de pagos, se da cuenta de que los intereses aplicados a su préstamo son considerablemente mayores que los que se aplicarían si el índice de referencia fuera el euríbor, el cual se utiliza en la mayoría de los préstamos hipotecarios en España.

Al consultar con un abogado, se le informa que el IRPH ha sido cuestionado en varias instancias sobre su posible carácter abusivo y falta de transparencia, lo que lleva a «X» a plantear una demanda ante el juzgado para la nulidad de la cláusula que estipula el uso del IRPH, argumentando que no fue adecuadamente informado sobre los costes y la evolución del índice en los años anteriores a la firma del contrato.

¿Es abusiva la cláusula que establece el uso del IRPH como índice de referencia para el tipo de interés en el contrato del «X»? ¿Cómo debe proceder el juzgado?

RESPUESTA

En virtud de la Directiva 93/13/CEE, así como de la **sentencia del TJUE n.° C-125/18, de 3 de marzo de 2020, ECLI:EU:C:2020:138**, la cláusula podría ser considerada abusiva y para llegar a esa conclusión se deben considerar varios elementos:

- **Cláusula comprendida en el ámbito de protección**: la cláusula que establece el IRPH en el contrato de préstamo hipotecario debe ser considerada dentro del ámbito de aplicación de la Directiva 93/13, dado que no se encuentra excluida conforme al artículo 1, apartado 2. Es decir, la referencia al IRPH como índice de interés no es una disposición legal o reglamentaria imperativa, por lo que sí está sujeta a control de abusividad.

- **Control de transparencia**: el juzgado debe examinar si la cláusula es clara y comprensible para el consumidor. Si el procedimiento jurídico establece que el consumidor no fue informado adecuadamente sobre cómo se calculaba el IRPH y su evolución, se incurre en falta de transparencia, lo que incrementa la posibilidad de considerar la cláusula abusiva.

- **Consecuencias de la nulidad**: si se declara la nulidad de la cláusula, el juez nacional tiene la facultad de sustituir el IRPH por el euríbor, dado que el contrato no podría subsistir sin esta cláusula y la anulación generaría consecuencias desproporcionadas y perjudiciales para el consumidor.

En conclusión, el juzgado deberá declarar la nulidad de la cláusula que estipula el uso del IRPH y, en consecuencia, sustituir este índice por uno legal que se considere apropiado, como el euríbor, asegurando así la protección del consumidor y cumplimiento de la legislación europeas.

ANEXO II.
FORMULARIOS

Modelo de reclamación previa a entidad de crédito solicitando la nulidad de la cláusula IRPH

A TENER EN CUENTA. Por la publicación de la LO 1/2025, de 2 de enero, de medidas en materia de eficiencia del Servicio Público de Justicia, y con entrada en vigor el 03/04/2025, se introduce como **requisito de procedibilidad en las acciones de reclamación de devolución de las cantidades indebidamente satisfechas por el consumidor en aplicación de determinadas cláusulas suelo o de cualesquiera otras cláusulas que se consideren abusivas contenidas en contratos de préstamo o crédito garantizados con hipoteca inmobiliaria**, una **reclamación extrajudicial previa** frente a las personas físicas o jurídicas que realicen la actividad de concesión de préstamos o créditos de manera profesional. La regulación de dicha reclamación extrajudicial previa se contiene en el nuevo artículo 439 bis de la LEC.

En [CIUDAD] a [DÍA] de [MES] de [AÑO]

A/A Servicio de Atención al cliente
GRUPO BANCO [NOMBRE]
Calle [NOMBRE] [NUMERO]
Código Postal [NUMERO]**,** [LOCALIDAD]
Asunto: Cláusula IRPH

Muy Señor/a Mío/a:

Yo, [NOMBRE_CLIENTE] con DNI [NIF_CIF_DNI_CLIENTE], remito este escrito, en relación al préstamo hipotecario número [NÚMERO], suscrito con esta entidad en fecha [FECHA], sobre la vivienda situada en calle [CALLE], número [NÚMERO], de [CIUDAD], inscrita en el Registro de la Propiedad de [CIUDAD], referenciado al índice IRPH.

Como es de su conocimiento, la **sentencia del TJUE n.° C-265/22, de 13 de julio de 2023, ECLI:EU:C:2023:578**, se ha pronunciado acerca de la posible abusividad de la cláusula relativa al IRPH, circunstancia que determinaría la nulidad de la misma. Concretamente, el fallo del TJUE en la misma es el siguiente:

«En virtud de todo lo expuesto, el Tribunal de Justicia (Sala Novena) declara: Los artículos 3, apartado 1, 4 y 5 de la Directiva 93/13/CEE del Consejo, de 5 de abril de 1993, sobre las cláusulas abusivas en los contratos celebrados con consumidores, deben interpretarse en el sentido de que, para apreciar la transparencia y el carácter eventualmente abusivo de una cláusula de un contrato de préstamo hipotecario a tipo de interés variable que designa, como índice de referencia para la revisión periódica del tipo de interés aplicable a ese préstamo, un índice establecido por una circular que fue publicada oficialmente y al que se aplica un incremento, es pertinente el contenido de la información incluida en otra circular de la que se desprende la necesidad de aplicar a ese índice, dado su modo de cálculo, un diferencial negativo a fin de igualar dicho tipo de interés con el tipo de interés del mercado. También es pertinente determinar si esa información es suficientemente accesible para un consumidor medio».

Esta afirmación ha sido reiterada por la **sentencia del Tribunal de Justicia de la Unión Europea n.° 300/23, de 12 de diciembre de 2024, ECLI:EU:C:2024:1026**, que nuevamente destaca que «(...) *incumbe al profesional ofrecer al consumidor toda la información que, en virtud de la normativa nacional aplicable en el momento de la celebración del contrato, esté obligado a proporcionar*».

Por su parte, el Tribunal Supremo también se ha pronunciado sobre la abusividad de esta cláusula en su **STS n.º 1591/2025, de 11 de noviembre, ECLI:ES:TS:2025:4838**, recordando que debe tenerse en consideración el incumplimiento del requisito de transparencia, y la comparación del método de cálculo del tipo de los intereses ordinarios previsto por esta cláusula y el tipo efectivo de esos intereses resultante con los métodos de cálculo generalmente aplicados y, entre otros, con los tipos de interés aplicados en el mercado en la fecha en que se celebró el contrato de préstamo en cuestión a un préstamo de un importe y una duración equivalentes a los de dicho contrato

A la vista de lo expuesto, la cláusula IRPH de mi préstamo hipotecario, [ESPECIFICAR] incumple el requisito de transparencia toda vez que la información relativa a la cláusula no permite la correcta evaluación las consecuencias económicas de la suscripción del contrato y dicha información no se halla lo suficientemente accesible para el consumidor medio. Asimismo, como saben, la cláusula IRPH, que implica un desequilibrio importante en detrimento de mis intereses, no ha sido negociada individualmente, por lo que claramente se trata de una cláusula abusiva susceptible de ser **declarada nula**, razón por la cual solicito a su entidad bancaria declare la nulidad de la cláusula IRPH de mi contrato de préstamo hipotecario y me reintegre las cantidades pagadas indebidamente.

Sin otro particular, les informo de que, en el caso de no obtener una respuesta satisfactoria o de silencio por su parte, me veré en la obligación de emprender las acciones legales oportunas.

A la espera de su urgente contestación,

[FIRMA]

Demanda de juicio verbal en ejercicio de acción individual de nulidad de condiciones generales de la contratación. (Nulidad cláusula IRPH)

A TENER EN CUENTA. Por la reforma realizada por la **LO 1/2025, de 2 de enero,** una vez implantados de forma efectiva los tribunales de instancia (D.T. 1.ª), todas las referencias realizadas a los juzgados unipersonales se entenderán realizadas a las secciones del orden jurisdiccional correspondiente de los tribunales de instancia.

A TENER EN CUENTA. Con la entrada en vigor el 03/04/2025 de la reforma realizada por la **Ley Orgánica 1/2025, de 2 de enero**, de medidas en materia de eficiencia del Servicio Público de Justicia, se introduce un nuevo apartado 5 en el artículo 439 de la LEC en el que se establece como requisito de procedibilidad en las acciones de reclamación de devolución de las cantidades indebidamente satisfechas por el consumidor en aplicación de determinadas cláusulas suelo o de cualesquiera otras cláusulas que se consideren abusivas contenidas en contratos de préstamo o crédito garantizados con hipoteca inmobiliaria, una reclamación extrajudicial previa frente a las personas físicas o jurídicas que realicen la actividad de concesión de préstamos o créditos de manera profesional. La regulación de dicha reclamación extrajudicial previa se contiene en el nuevo artículo 439 bis de la LEC.

AL JUZGADO DE PRIMERA INSTANCIA DE [LOCALIDAD] **QUE POR TURNO CORRESPONDA/SECCIÓN DE LO CIVIL DEL TRIBUNAL DE INSTANCIA DE** [ESPECIFICAR] **(1)**

Don/Doña [NOMBRE_PROCURADOR/A], procurador/a de los tribunales, colegiado/a n.° [NÚMERO_COLEGIADO/A], en nombre y representación de **don/doña** [NOMBRE_CLIENTE], mayor de edad, con DNI/NIE/NIF n.° [NÚMERO_DNI/NIE/NIF] y domicilio en C/ [CALLE], n.° [NUMERO], CP [CÓDIGO_POSTAL], [LOCALIDAD], [PROVINCIA], según consta acreditado por medio de [escritura de poder que se acompaña como documento n.° [NÚMERO]/ poder APUD ACTA], bajo la dirección letrada de don/doña [NOMBRE], colegiado/a número [NÚMERO] ICA [LOCALIDAD], ante el juzgado/sección comparezco y, como mejor proceda en Derecho,

DIGO

Que mediante el presente escrito, vengo a promover **DEMANDA DE JUICIO VERBAL EN EJERCICIO DE ACCIÓN INDIVIDUAL DE NULIDAD DE CONDICIONES GENERALES**, contra la entidad mercantil [NOMBRE_EMPRESA], con CIF [CIF], y domicilio social en [DOMICILIO_SOCIAL] de [LOCALIDAD], en base a los siguientes

HECHOS

PRIMERO.- Mi mandante en [FECHA] suscribió con la mercantil, un contrato de préstamo hipotecario [DESCRIPCIÓN].

Mi representado acudió a la sucursal de la entidad demandada solicitando financiación y esta le concedió un préstamo hipotecario a su favor, bajo los términos y condiciones estrictamente impuestas por ella. Más allá de comunicar el principal que precisaban y el plazo en el que desearían devolver, mi mandante no ha tenido posibilidad alguna de intervenir en la fijación del contenido de la escritura finalmente suscrita, toda vez que se ha negado toda opción de negociación por la parte demandada.

El contrato, fue redactado de forma unilateral por la parte demandada conforme al modelo propio de contratación presentado, tratándose de un modelo estandarizado y, como ya explicamos, sin haber existido posibilidad de negociación o modificación del mismo por parte de mi mandante.

Se adjunta como **documento n.º** [NÚMERO] copia del citado contrato.

SEGUNDO.- La cláusula n.º [NÚMERO] del contrato, relativa al índice de referencia de préstamos hipotecarios (IRPH), y que a continuación transcribimos, establece lo siguiente:

«Cláusula n.º [NUMERO]:
[REPRODUCIR]»

El tenor de la cláusula omite toda información acerca del método de cálculo del IRPH, y no contiene mención alguna a la Circular del Banco de España 5/1994, de modo que, al momento de suscribir el contrato, mi representado no pudo conocer el funcionamiento del citado índice, lo que implica que la cláusula n.º [NÚMERO] incumple el requisito de **transparencia**.

TERCERO.- La cláusula relativa al IRPH es además **abusiva**, toda vez que, generando un importante desequilibrio entre las partes en detrimento de los intereses de mi representado/a, no fue negociada individualmente.

CUARTO.- La aplicación de esta cláusula ha supuesto un desequilibrio importante en detrimento de mi mandante, ya que de haberse aplicado otro tipo de interés de los habituales en la fecha de la contratación, hubiese obtenido unas condiciones mucho más beneficiosas.

Se acompaña como **documento n.º** [NÚMERO] informe pericial emitido por don/doña [NOMBRE], en el que se realiza una comparativa del tipo de interés efectivamente aplicado (diferencial incluido) y otros índices aplicados habitualmente en el momento de la formalización del contrato.

QUINTO.- Con el fin de evitar el presente procedimiento se envió reclamación extrajudicial al servicio de atención al cliente de la entidad demandada, cumpliendo así con el requisito marcado por el apartado 5 del art. 439 de la LEC, cuya copia se acompaña como **documento n.º** [NÚMERO]**.**

Toda vez que la entidad bancaria no ha atendido a expresado requerimiento, no nos queda otro remedio impetrar el auxilio judicial. **(2)**

A los anteriores hechos, le son de aplicación los siguientes

FUNDAMENTOS DE DERECHO

I.- JURISDICCIÓN Y COMPETENCIA

En cuanto a la jurisdicción, corresponde el conocimiento del pleito a los órganos jurisdiccionales ordinarios españoles, de conformidad con lo dispuesto en los artículos 117, apartado 3, de la Constitución Española; 2, 9, apartado 2, y 21, apartado 1, de la Ley Orgánica 6/1985 de 1 de julio, del Poder Judicial (en adelante, LOPJ) y en el artículo 36 de la Ley de Enjuiciamiento Civil.

Respecto al órgano competente para conocer del proceso, lo es el Juzgado de Primera Instancia/la Sección de lo Civil del Tribunal de Instancia al/a la que me dirijo correspondiente al domicilio del demandante, tal y como se desprende de las disposiciones de los artículos 45 y 52.1.14º de la Ley de Enjuiciamiento Civil y del artículo 85 de la LOPJ. **(3)**

II.- CAPACIDAD Y LEGITIMACIÓN

En cuanto a la legitimación, se encuentra legitimada activamente la actora y pasivamente la demandada en virtud de lo dispuesto en artículo 10 de la Ley de Enjuiciamiento Civil, en relación con los artículos 3 y 4 del Real Decreto Legislativo 1/2007, de 16 de noviembre, por el que se aprueba el Texto Refundido de la Ley General para la Defensa de los Consumidores y Usuarios y otras normas complementarias y con el artículo 9 de la Ley 7/1998, de 13 de abril, de Condiciones Generales de la Contratación.

III.- POSTULACIÓN Y REPRESENTACIÓN (4)

De conformidad con lo dispuesto en el artículo 7, apartado 1, en relación con el artículo 31 de la Ley de Enjuiciamiento Civil, comparece el actor debidamente asistido de abogado en ejercicio.

Asimismo, comparece representado por procurador debidamente acreditado, de conformidad con lo dispuesto en el artículo 23, apartado 1, de la LEC, el artículo 543, apartado 1, de la Ley Orgánica del Poder Judicial, y en el artículo 3 del Real Decreto Legislativo 1281/2002, de 5 de diciembre por el que se aprueba el Estatuto General de los Procuradores de los Tribunales de España.

IV.- PRESCRIPCIÓN

La acción ejercitada en la presente demanda se halla vigente de conformidad con el criterio establecido en **sentencia del TJUE n.º C-810/21 a C-813/21, de 25 de enero de 2024, ECLI:EU:C:2024:81**, que determina que el *dies a quo* del plazo de prescripción de la acción restitutoria de las cantidades abonadas en virtud de una cláusula abusiva es el momento en que la actora tuvo conocimiento de la abusividad y no en el momento en el que se estableció jurisprudencia al respecto, aunque esta ya esté consolidada, ya que, tal como expresa la sentencia, no puede exigírsele al consumidor el conocimiento sobre esta: «*(...) no cabe presumir que la información de que dispone el consumidor, menor que la del profesional, incluya el conocimiento de la jurisprudencia nacional en materia de derechos de los consumidores, por más que dicha jurisprudencia esté consolidada*».

V.- PROCEDIMIENTO

Se sustanciará por los trámites del juicio verbal de acuerdo con el art. 250.1.14º de la LEC.

V.- CUANTÍA

De conformidad con lo previsto por el artículo 253, apartado 3, de la Ley de Enjuiciamiento Civil, la cuantía del presente procedimiento es indeterminada.

VI.- FONDO DEL ASUNTO

1) Consideración de consumidor de la parte demandante

La actuación de mi mandante se realiza en calidad de consumidor, actuando en un ámbito ajeno al de su actividad profesional, de acuerdo con lo establecido en el Real Decreto Legislativo 1/2007, de 16 de noviembre, por el que se aprueba el Texto Refundido de la Ley General para la Defensa de los Consumidores y Usuarios (TRLDCU), en su **artículo 3:** «*A efectos de esta ley, y sin perjuicio de lo dispuesto expresamente en sus libros tercero y cuarto, son consumidores o usuarios las personas físicas que actúen con un propósito ajeno a su actividad comercial, empresarial, oficio o profesión*».

2) Protección de los intereses económicos de los consumidores

Merecen una especial protección los intereses económicos de los consumidores y usuarios en particular y en lo que a esta parte interesa, frente a la inclusión de cláusulas abusivas en los contratos tal y como se desprende de los **artículos 8, 19, 128 y 132 del Real Decreto Legislativo 1/2007, de 16 de noviembre, por el que se aprueba el Texto Refundido de la Ley General para la Defensa de los Consumidores y Usuarios y otras leyes complementarias** (LGDCU).

Mi mandante ha actuado en concepto de consumidor de acuerdo con lo previsto en el artículo 3 de la LGDCU.

3) Contrato de adhesión y condiciones generales de la contratación

Los documentos contractuales que se acompañan a la presente demanda deben ser calificados como contratos de adhesión impuestos por la demandada frente a mi mandante.

En este sentido, según el **artículo 1 de la LCGC**, «*son condiciones generales de la contratación las cláusulas predispuestas cuya incorporación al contrato sea impuesta por una de las partes, con independencia de la autoría material de las mismas, de su apariencia externa, de su extensión y de cualesquiera otras circunstancias, habiendo sido redactadas con la finalidad de ser incorporadas a una pluralidad de contrato*».

No obstante, cabe señalar que de conformidad con el **artículo 82.2 de la LGDCU**, el empresario que afirme que una determinada cláusula ha sido negociada individualmente, asumirá la carga de la prueba.

4) Ausencia de negociación individual en las cláusulas contractuales

Las cláusula impugnada no ha sido negociada de manera individual, sino que ha sido impuesta y predispuesta por la parte demandada.

Así, en virtud de la **sentencia del Tribunal Supremo n.º 241/2013, de 9 de mayo, ECLI: ES:TS:2013:1916**:

> «El artículo 1 LCGC no precisa qué debe entenderse por imposición de la condición general por una de las partes, por lo que, al desarrollarse el litigio en materia de condiciones insertas en contratos con consumidores resulta particularmente útil lo dispuesto en el art. 3.2 de la Directiva 93/13, a cuyo tenor '[s]e considerará que una cláusula no se ha negociado individualmente cuando haya sido redactada previamente y el consumidor no haya podido influir sobre su contenido, en particular en el caso de los contratos de adhesión'.
>
> La exégesis de la norma transcrita impone concluir que el carácter impuesto de una cláusula o condición general prerredactada no desaparece por el hecho de que el empresario formule una pluralidad de ofertas cuando todas están estandarizadas con base cláusulas predispuestas, sin posibilidad real alguna de negociación por el consumidor medio, en orden a la individualización o singularización del contrato, ya que, como afirma el Ministerio Fiscal, la norma no exige que la condición se incorpore 'a todos los futuros contratos, sino a una pluralidad de ellos.
>
> Más aún, cuando se trata de condiciones generales en contratos con consumidores, ni siquiera es preciso que el consumidor observe una conducta activa, pese a lo cual vea rechazado su intento de negociar, ya que, a diferencia de lo que exigía el artículo 10.2 LCU en su primitiva redacción '[a] los efectos de esta Ley se entiende por cláusulas, condiciones o estipulaciones de carácter general, el conjunto de las redactadas previa y unilateralmente por una Empresa o grupo de Empresas para aplicarlas a todos los contratos que aquélla o éste celebren, y cuya aplicación no puede evitar el consumidor o usuario, siempre que quiera obtener el bien o servicio de que se trate'-lo que fue interpretado por la STS de 20 de noviembre de 1996, RC 3930/1992, en el sentido de que '[s]e le exige que no haya podido eludir su aplicación, en otras

palabras, no una actitud meramente pasiva'. En definitiva, la norma vigente, fruto de la transposición de la Directiva 93/13, no requiere que las condiciones estén redactadas para ser aplicadas a 'todos los contratos' que aquella o estos celebren, ni exige la inevitabilidad. Solo que se trate de cláusulas 'no negociadas individualmente'.

Es cierto que, como apunta la citada STS 406/2012, de 18 de junio, debe distinguirse entre el hecho de participar en la redacción del contrato y el carácter negociado de una cláusula contractual, pero también lo es que, a efectos de la tutela de los consumidores, las cláusulas contractuales prerredactas, sean condiciones generales -sometidas a la LCGC- o particulares -no sujetas a dicha norma-, deben entenderse impuestas cuando no han sido negociadas individualmente. Como de forma gráfica describe el Ministerio Fiscal, existe imposición cuando, elegido un determinado contrato, '[...] nada ni nadie evita al cliente la inserción de la cláusula».

Como ya se hecho mención, las cláusulas del contrato suscrito por mi mandante con la mercantil, fueron impuestas sin haber sido objeto de negociación individual y sin haber existido la posibilidad de que mi mandante pudiera modificar el contenido de las mismas.

Por lo que, queda acreditado la existencia del elemento de **imposición**, tal y como se recoge en la mencionada sentencia:

«a) La prestación del consentimiento a una cláusula predispuesta debe calificarse como impuesta por el empresario cuando el consumidor no puede influir en su supresión o en su contenido, de tal forma que o se adhiere y consiente contratar con dicha cláusula o debe renunciar a contratar.

b) No puede equipararse la negociación con la posibilidad real de escoger entre pluralidad de ofertas de contrato sometidas todas ellas a condiciones generales de contratación aunque varias de ellas procedan del mismo empresario.

c) Tampoco equivale a negociación individual susceptible de eliminar la condición de cláusula no negociada individualmente, la posibilidad, cuando menos teórica, de escoger entre diferentes ofertas de distintos empresarios.

d) La carga de la prueba de que una cláusula prerredactada no está destinada a ser incluida en pluralidad de ofertas de contrato dirigidos por un empresario o profesional a los consumidores, recae sobre el empresario».

5) Del carácter abusivo de las cláusulas y su falta de transparencia

Dice el **artículo 82.1 de la LGDCU** que, son **abusivas** «...*todas aquellas estipulaciones no negociadas individualmente y todas aquéllas prácticas no consentidas expresamente que, en contra de las exigencias de la buena fe causen, en perjuicio del consumidor y usuario, un desequilibrio importante de los derechos y obligaciones de las partes que se deriven del contrato*».

No obstante, la abusividad de la cláusula deberá ser ponderada, esto es, deberá tenerse en cuenta la naturaleza del bien o servicio que sea objeto del contrato (artículo 82.3 de la LGDCU).

Sin embargo, de la literalidad de las cláusulas integrantes del contrato de préstamo hipotecario por ambas partes suscrito, se deduce un importante desequilibrio contractual a favor de la demandada, lo cual no puede ser aceptado por esta parte a pesar de resultar una práctica habitual en el mercado, debiendo recordarse que, tal y como dice el **artículo 1288 del Código Civil**, «*la interpretación de las cláusulas oscuras de un contrato no deberá favorecer a la parte que hubiese ocasionado la oscuridad*».

La cláusula abusiva, que debe ser declarada nula es la siguiente:

«Cláusula n.º [NUMERO]:
[REPRODUCIR]»

A tenor de lo dispuesto en el **artículo 83 de la LGDCU**:

«Las cláusulas abusivas serán nulas de pleno derecho y se tendrán por no puestas. A estos efectos, el Juez, previa audiencia de las partes, declarará la nulidad de las cláusulas abusivas incluidas en el contrato, el cual, no obstante, seguirá siendo obligatorio para las partes en los mismos términos, siempre que pueda subsistir sin dichas cláusulas.

Las condiciones incorporadas de modo no transparente en los contratos en perjuicio de los consumidores serán nulas de pleno derecho».

Esto implica, no sólo su declaración de oficio por el juez que resuelva la controversia, sino también el no sometimiento de dicha nulidad a un plazo de caducidad o de prescripción.

Este tipo de cláusulas de interés *«Índices de Referencia de Préstamos Hipotecarios»*, más conocidas como cláusulas IRPH, se configuran como cláusulas predispuestas, incorporadas al contrato sin que la otra parte pueda modificar su contenido y sin que exista posibilidad de negociar, por mínima que sea.

Se trata por tanto, de una condición general de la contratación sometida a la Directiva 93/13/CEE del Consejo, de 5 de abril de 1993, y a la Ley de Condiciones Generales de la Contratación.

Mi mandante no fue informado por parte de la demandada, de la existencia de todos los tipos de referencia vigentes en el momento de la firma del contrato, y en especial, de los tipos de interés más ventajosos que el citado IRPH, como por ejemplo el Euríbor, y por ello, queda constancia de la falta de transparencia en la firma del contrato, y el grave perjuicio causado a mi mandante. Además, la cláusula cuestionada no incluía ninguna referencia a la Circular del Banco de España 5/1994.

Respecto a la **falta de transparencia**, el **artículo 5, apartado 5, de la Ley de Condiciones Generales de la Contratación** establece la obligación de que la redacción de las cláusulas generales se haga de acuerdo con criterios de transparencia, claridad, concreción y sencillez.

Por su parte, el **artículo 7 de la Ley de Condiciones Generales de la Contratación**, prevé lo siguiente:

«No quedarán incorporadas al contrato las siguientes condiciones generales:

a) Las que el adherente no haya tenido oportunidad real de conocer de manera completa al tiempo de la celebración del contrato o cuando no hayan sido firmadas, cuando sea necesario, en los términos resultantes del artículo 5.

b) Las que sean ilegibles, ambiguas, oscuras e incomprensibles, salvo, en cuanto a estas últimas, que hubieren sido expresamente aceptadas por escrito por el adherente y se ajusten a la normativa específica que discipline en su ámbito la necesaria transparencia de las cláusulas contenidas en el contrato».

La **sentencia del Tribunal Supremo n.º 464/2014, de 8 de septiembre, ECLI:ES:TS:2014:3903**, en relación con la caracterización del control de transparencia, establece que *«(...) en el marco del específico y diferenciado presupuesto causal y régimen de eficacia que informa el fenómeno de las condiciones generales* *de la contratación, anteriormente señalado, el control de transparencia, como proyección nuclear del principio de transparencia real en la contratación seriada y, por extensión, en el desarrollo general del control de inclusión, (artículo 5 de la Directiva 93/13, artículos 5.5 y 7.b de la LCGC y artículo 80.1 a TR- LGDCU) queda caracterizado como un control de legalidad en orden a comprobar, primordialmente, que la cláusula contractual predispuesta refiera directamente la comprensibilidad real, que no formal, de los aspectos básicos del contrato en el marco de la reglamentación predispuesta, de forma que el consumidor y usuario conozca y comprenda las consecuencias jurídicas que, de acuerdo con el producto o servicio ofertado, resulten a su cargo, tanto respecto de la onerosidad o sacrificio patrimonial que realmente supone para el consumidor el contrato celebrado, como de la posición jurídica que realmente asume en los aspectos básicos que se deriven del objeto y de la ejecución del contrato».*

También la **sentencia el Tribunal Supremo n.° 86/2014, de 26 de mayo, ECLI:ES:TS:2014:2393**, entiende el control de transparencia como «*(...) un plus u obligación que tiene el contratante predisponente en orden a que la cláusula considerada no solo sea clara e inteligible, gramaticalmente para el contratante consumidor, sino que también resulte transparente tanto en la comprensión de la carga económica que realmente supone para él el contrato celebrado, esto es, respecto de la onerosidad o sacrificio patrimonial que debe realizar a cambio de la prestación que quiere o espera obtener, como de la comprensión, clara y sencilla, de la carga jurídica del contrato, es decir, de la posición jurídica que asume en los aspectos básicos que definen el contrato celebrado, como en la respectiva asignación o distribución de los principales riesgos del contrato celebrado*».

El Supremo, en la **STS n.° 464/2014**, anteriormente citada, concluye que «*(...) el control de transparencia, como parte integrante del control general de abusividad, no puede quedar reconducido o asimilado a un mero criterio o contraste interpretativo acerca de la claridad o inteligencia gramatical de la formulación empleada, ya sea en la consideración general o sectorial de la misma, sino que requiere de un propio enjuiciamiento interno de la reglamentación predispuesta a los efectos de contrastar la inclusión de criterios precisos y comprensibles en orden a que el consumidor y usuario pueda evaluar, directamente, las consecuencias económicas y jurídicas que principalmente se deriven a su cargo de la reglamentación contractual ofertada. Este es el alcance que, en plena armonía con la doctrina jurisprudencial expuesta de esta Sala, contempla a estos efectos la reciente Sentencia del Tribunal de Justicia de la Unión europea, de 30 de abril de 2014, C-26/13, declarando, entre otros extremos, que: 'El artículo 4, apartado 2, de la Directiva 93/13 debe interpretarse en el sentido de que, en relación con una cláusula contractual como la discutida en el asunto principal, la exigencia de que una cláusula contractual debe redactarse de manera clara y comprensible se ha de entender como una obligación no sólo de que la cláusula considerada sea clara y comprensible gramaticalmente para el consumidor, sino también de que el contrato exponga de manera transparente el funcionamiento concreto del mecanismo de conversión de la divisa extranjera al que se refiere la cláusula referida, así como la relación entre ese mecanismo y el prescrito por otras cláusulas relativas a la entrega del préstamo, de forma que ese consumidor pueda evaluar, basándose en criterios precisos y comprensibles, las consecuencias económicas derivadas a su cargo'*».

La **sentencia del Tribunal Supremo n.° 241/2013, de 9 de mayo, ECLI:ES:TS:2013:1916**, declaró nulas las cláusulas suelo, cuando exista falta de transparencia en los contratos de préstamo hipotecario a interés variable celebrados entre profesionales y consumidores, estableciendo que, en los casos de falta de transparencia en la información facilitada por las entidades bancarias a los clientes, la cláusula será radicalmente nula.

101

Esta sentencia fija las condiciones para que una cláusula sea considerada como no transparente, y por lo tanto, nula:

«a) Falta información suficientemente clara de que se trata de un elemento definitorio del objeto principal del contrato.

b) Se insertan de forma conjunta con las cláusulas techo y como aparente contraprestación de las mismas.

c) No existen simulaciones de escenarios diversos relacionados con el comportamiento razonablemente previsible del tipo de interés en el momento de contratar.

d) No hay información previa clara y comprensible sobre el coste comparativo con otras modalidades de préstamo de la propia entidad -caso de existir- o advertencia de que al concreto perfil de cliente no se le ofertan las mismas.

e) En el caso de las utilizadas por la entidad bancaria, se ubican entre una abrumadora cantidad de datos entre los que quedan enmascaradas y que diluyen la atención del consumidor.»

En el caso concreto de mi mandante, se cumplen los requisitos dispuestos anteriormente por el Tribunal Supremo, ya que queda clara la existencia de falta de transparencia en la imposición de la cláusula IRPH, como la falta de información por parte de la entidad demandada, lo que supuso un desconocimiento absoluto para mi mandante a la hora de firma el contrato de préstamo hipotecario.

En este apartado traemos a colación, la **sentencia del Tribunal de Justicia de la Unión Europea n.° C-265/22, de 13 de julio de 2023, ECLI:EU:C:2023:578**, que exige la **puesta a disposición del consumidor de la información suficiente acerca de los métodos de cálculo del IRPH**. En el caso sobre el que resuelve el TJUE en la referida sentencia, el Juzgado de Primera Instancia n.° 17 de Palma de Mallorca consideró que no haber informado a los prestatarios en este caso sobre las características de los IRPH y de los tipos de mercado pudo ser **contrario a la buena fe** y provocar un **desequilibrio** en perjuicio de los consumidores, justificando la calificación de abusiva. Por ello, se solicitó al Tribunal de Justicia de la Unión Europea que interpretara la Directiva sobre cláusulas abusivas a este respecto, presentando las siguientes **cuestiones prejudiciales**:

«1) Como para la confección del [IRPH de las entidades de crédito] en el que se han incluido las comisiones y los diferenciales aplicados a estas que se incorporan al tipo de interés son más gravosos para el consumidor que el resto de TAE del mercado, diferenciales que, en base a la normativa de la Circular 5/1994 del Banco de España, criterio normativo del organismo regulador se establece la necesidad de que sean de negativos, lo que se ha omitido e incumplido por las entidades financieras de forma generalizada, ¿apartarse completamente del criterio normativo del órgano regulador se opone a los artículos 5 y 7 la Directiva [2005/29]?

2) Demostrado que apartarse del criterio normativo anterior se opone a los artículos 5 y 7 de la Directiva [2005/29], conforme a la jurisprudencia del TJUE en el asunto C689/20 ¿esta práctica desleal constituye un **indicio** a la hora de valorar y apreciar el carácter **abusivo** de cláusula y se opone a los artículos 3 y 4 de la Directiva 93/13?

3) Si la Circular 5/1994 [...], propia del sector financiero, pero ajena al conocimiento general de la población, no fue objeto de ningún tipo de consideración, y se declara que se opone al artículo 7 a la Directiva [2005/29], ¿constituye un **indicio** a la hora de valorar el carácter **abusivo** con arreglo al artículo 6.1 de la Directiva 93/13 que debe de aplicar un control de **transparencia** a dicho índice que se compone de "índice de referencia y diferencial"?

4) ¿Se opone a los artículos 3.1, 4 y 5 de la Directiva [93/13] una jurisprudencia nacional, a la vista de la regulación específica del IRPH es una práctica **abusiva**, no aplicar diferencial negativo a pesar de la necesidad impuesta en el preámbulo de la Circular [5/1994], ya que es menos ventajoso que todas las TAE existentes, y se ha comercializado el IRPH como si fuera un producto igual de ventajoso que el euríbor sin atender a la necesidad de adicionar un diferencial negativo y, por ende, se podría cesar en la contratación por considerarse **nulas** las cláusulas en las que se prevé su aplicación y abstenerse las entidades bancarias, en el futuro, de su utilización, ya que comercializar este servicio con consumidores **vulnerables** puede afectar al comportamiento económico y declararse su no incorporación a los contratos comerciales desleales al haberse integrado en el precio del interés contrario a la Directiva [2005/29]?

5) ¿Se opone al artículo 6.1 de la Directiva [93/13] **no hacer un control de incorporación y abusividad** ante un diferencial impuesto de forma oculta cuando el diferencial debe ser negativo en la oferta realizada por una entidad bancaria y que el consumidor en el momento de la fase de información precontractual no llegue a conocer el comportamiento económico del interés aplicado de su préstamo, por oponerse así la Directiva [2005/29]?».

A las cuestiones prejudiciales planteadas por el órgano nacional responde el TJUE en la citada sentencia que «*(...) Los artículos 3, apartado 1, 4 y 5 de la Directiva 93/13/CEE del Consejo, de 5 de abril de 1993, sobre las cláusulas abusivas en los contratos celebrados con consumidores, deben interpretarse en el sentido de que, para apreciar la **transparencia** y el carácter eventualmente **abusivo** de una cláusula de un contrato de préstamo hipotecario a tipo de interés variable que designa, como índice de referencia para la revisión periódica del tipo de interés aplicable a ese préstamo, un índice establecido por una circular que fue publicada oficialmente y al que se aplica un incremento, es pertinente el contenido de la información incluida en otra circular de la que se desprende la necesidad de aplicar a ese índice, dado su modo de cálculo, un diferencial negativo a fin de igualar dicho tipo de interés con el tipo de interés del mercado. También **es pertinente determinar si esa información es suficientemente accesible para un consumidor medio**».

De conformidad con lo establecido en la precitada **sentencia del TJUE n.º C-265/22, de 13 de julio de 2023, ECLI:EU:C:2023:578**, y a la luz de las pruebas presentadas, es evidente que **la cláusula cuya nulidad se solicita no cumple los requisitos de transparencia e incurre en abusividad**.

En cuanto a la **falta de transparencia** del IRPH cabe señalar lo que la precitada sentencia expresa: «*Asimismo, procede recordar que la transparencia de una cláusula contractual, que exige el artículo 5 de la Directiva 93/13, es uno de los elementos que deben tenerse en cuenta para apreciar si tal cláusula es abusiva (sentencia de 3 de octubre de 2019, Kiss y CIB Bank, C-621/17, EU:C:2019:820, apartado 49). En cambio, del artículo 4, apartado 2, de esta Directiva se deduce que la mera circunstancia de que una cláusula no esté redactada de manera clara y comprensible no le confiere, por sí sola, carácter abusivo (véase, en este sentido, el auto de 17 de noviembre de 2021, Gómez del Moral Guasch, C-655/20, EU:C:2021:943, apartado 37)*».

Demostradas la falta de negociación individual de la cláusula objeto de *litis*, así como su falta de transparencia, cabrá también apreciar **ausencia de buena fe y desequilibrio entre las partes, dado que** [ESPECIFICAR]. Sobre esta cuestión también se pronuncia la **sentencia del TJUE n.º C-265/22**, en los siguientes términos:

«63 En el marco de la apreciación del carácter abusivo de una cláusula contractual que no se haya negociado individualmente, que corresponde efectuar al juez nacional en virtud del artículo 3, apartado 1, de la Directiva

93/13, incumbe a este evaluar, atendiendo a todas las circunstancias del litigio, en primer lugar, el posible incumplimiento de las exigencias de la **buena fe** y, en segundo lugar, la existencia de un posible **desequilibrio importante en detrimento del consumidor** en el sentido de la citada disposición (sentencia de 3 de octubre de 2019, Kiss y CIB Bank, C-621/17, EU:C:2019:820, apartado 49 y jurisprudencia citada).

64 Con el fin de precisar estos conceptos, procede recordar, por un lado, en cuanto a la cuestión de en qué circunstancias se causa ese desequilibrio "contrariamente a las exigencias de la buena fe", que, habida cuenta del decimosexto considerando de la Directiva 93/13, el juez nacional debe comprobar si el profesional podía estimar razonablemente que, tratando de manera leal y equitativa con el consumidor, este aceptaría una cláusula de ese tipo de resultas de una negociación individual (sentencia de 26 de enero de 2017, Banco Primus, C-421/14, EU:C:2017:60, apartado 60 y jurisprudencia citada).

65 Por otro lado, para determinar si una cláusula genera, en detrimento del consumidor, un «desequilibrio importante» entre los derechos y las obligaciones de las partes que se derivan del contrato, es preciso tener en cuenta, en particular, las normas aplicables en Derecho nacional cuando no exista un acuerdo de las partes, de modo que se valore si —y, en su caso, en qué medida— el contrato deja al consumidor en una situación jurídica menos favorable que la contemplada por el Derecho nacional vigente (véase, en este sentido, la sentencia de 26 de enero de 2017, Banco Primus, C-421/14, EU:C:2017:60, apartado 59). Por lo que respecta a una cláusula relativa al cálculo de los intereses de un contrato de préstamo, también es pertinente comparar el modo de cálculo del tipo de los intereses ordinarios previsto por la referida cláusula y el tipo efectivo resultante con los modos de cálculo generalmente aplicados y el tipo legal de interés, así como con los tipos de interés aplicados en el mercado en la fecha en que se celebró el contrato objeto del litigio principal en relación con un préstamo de un importe y una duración equivalentes a los del contrato de préstamo considerado (sentencia de 26 de enero de 2017, Banco Primus, C-421/14, EU:C:2017:60, apartado 65».

5.1.) La STJUE de 12 de diciembre de 2024

El Tribunal de Justicia de la Unión Europea dictó una nueva sentencia en la materia, **STJUE n.º C-300/23, de 12 de diciembre de 2024, ECLI:EU:C:2024:1026**, tendente a declarar la abusividad de la cláusula IRPH, y de la que destacamos los siguientes puntos:

Requisito de transparencia

A la hora de analizar este requisito el TJUE recuerda que el sistema de protección establecido por la Directiva 93/13/CEE del Consejo, de 5 de abril de 1993, se basa en la idea de que el consumidor se encuentra en situación de inferioridad en cuanto al nivel de información, lo que conlleva que la exigencia de transparencia deba entenderse de manera extensiva, y que además las cláusulas contractuales deben redactarse de forma clara y comprensible.

Por otra parte señala que: «*Entre los elementos pertinentes que debe tomar en consideración el juez nacional al llevar a cabo las comprobaciones necesarias a este respecto figuran no solo el contenido de la información proporcionada por el prestamista en el marco de la negociación de un determinado contrato de préstamo, sino también la circunstancia de que los elementos principales relativos al cálculo del índice de referencia resulten fácilmente asequibles por haber sido publicados (...)*», si bien, tal publicación solo puede liberar al prestamista de proporcionar información sobre la cláusula cuando un consumidor medio, normalmente informado y razonablemente atento y perspicaz estuviera en condiciones de comprender el funcionamiento concreto del método de cálculo del tipo de interés variable, y valorar las consecuencias económicas de dicha cláusula.

Se resalta también que cuando se trate de información no facilitada directamente por el profesional, deben de facilitarse indicaciones suficientemente precisas y exactas a los prestatarios para que puedan adquirir conocimiento de esa información sin llevar a cabo una actividad que no pueda exigírsele a un consumidor medio.

Trasladando lo expuesto al caso analizado, el TJUE recoge que el contrato de préstamo objeto de litigio no contiene remisión alguna al BOE ni a la circular del Banco de España, y que la definición del IRPH contenida en el contrato está incompleta, y, por tanto:

> «En consecuencia, (...) los artículos 4, apartado 2, y 5 de la Directiva 93/13 deben interpretarse en el sentido de que el requisito de transparencia derivado de estas disposiciones se cumple en la celebración de un contrato de préstamo hipotecario por lo que se refiere a la cláusula de ese contrato que prevé la adaptación periódica del tipo de interés tomando como referencia el valor de un índice oficial establecido mediante un acto administrativo, que incluye la definición de dicho índice, por el mero hecho de que ese acto y los valores anteriores del correspondiente índice hayan sido publicados en el diario oficial del Estado miembro de que se trate, sin que, en consecuencia, el prestamista esté obligado a informar al consumidor acerca de la definición de ese índice y de su evolución anterior, incluso si, debido a su método de cálculo, tal índice no se corresponde con un tipo de interés remuneratorio, sino con una TAE, siempre que, debido a su publicación, esos elementos resulten suficientemente accesibles para un consumidor medio gracias a las indicaciones dadas en tal sentido por este profesional. En ausencia de esas indicaciones, incumbe al profesional ofrecer directamente una definición completa de ese índice y cualquier otra información pertinente, en particular por lo que se refiere a una eventual advertencia hecha por la autoridad que haya establecido dicho índice acerca de sus particularidades y de las consecuencias de este que puedan considerarse importantes para el consumidor con el fin de evaluar correctamente las consecuencias económicas de la celebración del contrato de préstamo hipotecario que se le propone. En cualquier caso, incumbe al profesional ofrecer al consumidor toda la información que, en virtud de la normativa nacional aplicable en el momento de la celebración del contrato, esté obligado a proporcionar».

Remisión directa al índice sin señalar la necesidad de aplicar un diferencial negativo para su cálculo

Un segundo punto analizado por el TJUE analiza si en aquellos casos en los que se aplican cláusulas en las que se remite al IRPH bastaría la remisión directa y simple a este índice, a pesar de que en acto administrativo que estableció el citado índice se estableció que es necesario aplicar un diferencial negativo para ajustar la TAE de la operación en cuestión a la TAE del mercado.

Recuerda aquí el Tribunal que las cláusulas no negociadas individualmente serán consideradas abusivas cuando causen en detrimento del consumidor un desequilibrio importante entre los derechos y obligaciones derivados del contrato para las partes, contrario a la buena fe, siendo potestad del juez nacional evaluar el incumplimiento de las exigencias de buena fe y la existencia del mentado desequilibrio.

En virtud de lo expuesto, el TJUE concluye que: «*(...) el artículo 3, apartado 1, de la Directiva 93/13 debe interpretarse en el sentido de que, para apreciar el carácter eventualmente abusivo de una cláusula de un contrato de préstamo hipotecario a tipo de interés variable que prevé la adaptación periódica del tipo de interés tomando como referencia el valor de un índice oficial, es pertinente el hecho de que esta cláusula se remita directa y simplemente a este índice, aunque de las indicaciones contenidas en el acto administrativo que estableció dicho índice resulte que, debido a las particularidades derivadas de su método de cálculo, sería necesario aplicar un diferencial negativo para ajustar la TAE de la operación en cuestión a la TAE del mercado, siempre y cuando el profesional no haya informado al consumidor acerca de tales indicaciones y de que estas no fueran suficientemente accesibles para un consumidor medio».*

La no presunción de buena fe aun cuando se trate de un índice oficial

En cuarto lugar, se responde a la cuestión de si al tratarse de un índice oficial establecido por una autoridad administrativa y usado por las Administraciones públicas, debe presumirse la buena fe.

En este sentido el TJUE recuerda que las cláusulas contractuales se consideran abusivas cuando causen en detrimento del consumidor un desequilibrio importante entre los derechos y obligaciones de las partes, contrariamente a las exigencias de la buena fe, y que la buena fe implica comprobar si el profesional podía estimar razonablemente que, si se hubiese tratado de manera leal y equitativa al consumidor, este hubiera aceptado dicha cláusula en el marco de una negociación individual.

En consecuencia, la sentencia analizada concluye que la buena fe del profesional no puede presumirse por el mero hecho de que se trate de un índice oficial establecido por una autoridad administrativa y utilizado por las administraciones públicas. Debe de valorarse el eventual carácter abusivo en función de las circunstancias propias del caso, y teniendo en cuenta:

El incumplimiento del requisito de transparencia

Comparando el método de cálculo del tipo de los intereses ordinarios previsto por esta cláusula y el tipo efectivo de esos intereses resultante con los métodos de cálculo generalmente aplicados, entre otros: los tipos de interés aplicados en el mercado en la fecha de celebración del préstamo.

La pertinencia de la comparación con otros índices de referencia.

Otra de las dudas resueltas por la sentencia analizada es la pertinencia de comparar el método de cálculo del IRPH con el de otro índice de referencia utilizado mayoritariamente en el correspondiente Estado miembro en contratos similares, y los tipos efectivos resultantes respectivamente de esta cláusula y de otras comparables que recurren al otro índice de referencia, concluyendo que:

> «(…) el artículo 3, apartado 1, de la Directiva 93/13 debe interpretarse en el sentido de que, para apreciar el carácter eventualmente abusivo de una cláusula de un contrato de préstamo hipotecario a tipo de interés variable que prevé la adaptación periódica del tipo de interés en función del valor de un índice de referencia determinado, es pertinente comparar el método de cálculo del tipo de los intereses ordinarios previsto por esta cláusula y el tipo efectivo de esos intereses resultante con los métodos de cálculo generalmente aplicados y, en particular, con los tipos de interés aplicados en el mercado en la fecha en que se celebró el contrato en cuestión a un préstamo de un importe y una duración equivalentes a los de ese contrato. Otros aspectos del método de cálculo del tipo de interés contractual o del índice de referencia pueden ser pertinentes, si pueden crear un desequilibrio en detrimento del consumidor».

5.2.) Las SSTS de 11 de noviembre de 2025

Resulta de vital importancia mencionar en este punto la **STS n.º 1590/2025, de 11 de noviembre, ECLI:ES:TS:2025:4876**, y la **STS n.º 1591/2025, de 11 de noviembre,**

ECLI:ES:TS:2025:4838, que interpretan la jurisprudencia del TJUE en la materia y señalan que el control de transparencia exige que el consumidor medio esté en condiciones de comprender el método de cálculo del interés (IRPH más diferencial) y de valorar las consecuencias económicas de la cláusula sobre sus obligaciones financieras, y que podría entenderse **cumplido el control de transparencia si se hubiese indicado la referencia a la normativa pertinente (Circular 5/1994), hecho que en este caso concreto no se produce,** ya que la cláusula recurrida no contiene mención alguna a la citada circular.

Además, el TS establece los siguientes parámetros para valorar la abusividad de la cláusula:

- La valoración de la abusividad debe hacerse en el momento de la contratación del préstamo.

- La existencia eventual de un desequilibrio en detrimento del consumidor depende esencialmente, no del propio índice de referencia, sino del tipo de interés que resulta efectivamente de esta cláusula. Se han de tomar en consideración, no solo los valores del índice de referencia, sino también el diferencial aplicado contractualmente a ese índice, con el fin de comparar el tipo de interés efectivo resultante con los tipos de interés habituales del mercado.

- El carácter abusivo de una cláusula contractual se debe apreciar con referencia a todas las demás cláusulas del contrato. Puede ser pertinente examinar la naturaleza de las comisiones eventualmente estipuladas en otras cláusulas del contrato objeto del litigio principal, con el fin de comprobar si existe un riesgo de doble retribución de determinadas prestaciones del prestamista. Pero el hecho de que, debido a sus procedimientos de cálculo, índices como los IRPH se determinen tomando como referencias diferentes TAE, no produce el efecto de transformar el tipo de interés de un préstamo adaptado periódicamente según la evolución de los valores sucesivos de un IRPH en una TAE que pueda desglosarse, por una parte, en un tipo de interés ordinario propiamente dicho y, por otra parte, en diferenciales, comisiones y gastos.

- El hecho de que en la cláusula se haga uso de un índice de referencia establecido a partir de las TAE aplicables a los contratos tomados en consideración para calcular los valores sucesivos de este índice, y que esa TAE incluya elementos derivados de cláusulas cuyo carácter abusivo se declare posteriormente, no implica que la cláusula de adaptación del tipo de interés del contrato en cuestión deba considerarse abusiva.

- Se ha de comparar el tipo efectivo de los intereses ordinarios resultante de la aplicación de la cláusula que establece como índice de referencia el IRPH y el tipo efectivo de esos intereses resultante con los métodos de cálculo generalmente aplicados, y, entre otros, con los tipos de interés aplicados en el mercado en la fecha en que se celebró el contrato de préstamo en cuestión a un préstamo de un importe y una duración equivalentes a los de dicho contrato.

- Habrá que estar a las circunstancias de cada caso para valorar otros aspectos que puedan crear un desequilibrio en detrimento del consumidor.

En este caso tras analizar las circunstancias concretas, se puede apreciar que existió un claro desequilibrio en detrimento de mi mandante, y de la comparación del tipo de interés efectivamente aplicado a raíz de esta cláusula revela un perjuicio para mi mandante que difícilmente hubiera aceptado si hubiese comprendido el alcance de la cláusula.

6) Nulidad de las cláusulas abusivas

La cláusula impugnada al tener la consideración de abusiva deberá ser declarada nula, de acuerdo con lo previsto en los **artículos 82 y 83, apartado 1, de la LGDCU**.

La nulidad de la cláusula abusiva no conlleva la ineficacia del contrato. El **artículo 83 de la LGDCU** prevé:

> «Las cláusulas abusivas serán nulas de pleno derecho y se tendrán por no puestas. A estos efectos, el Juez, previa audiencia de las partes, declarará la nulidad de las cláusulas abusivas incluidas en el contrato, el cual, no obstante, seguirá siendo obligatorio para las partes en los mismos términos, siempre que pueda subsistir sin dichas cláusulas.
>
> Las condiciones incorporadas de modo no transparente en los contratos en perjuicio de los consumidores serán nulas de pleno derecho».

Por lo que, el contrato suscrito por mi mandante se mantendrá vigente una vez se elimine del mismo, la mencionada cláusula abusiva. El **artículo 6 de la Directiva 93/13/CEE del Consejo, de 5 de abril de 1993, sobre las cláusulas abusivas en los contratos celebrados con consumidores**, expresa: *«Los Estados miembros establecerán que no vincularán al consumidor, en las condiciones estipuladas por sus derechos nacionales, las cláusulas abusivas que figuren en un contrato celebrado entre éste y un profesional y dispondrán que el contrato siga siendo obligatorio para las partes en los mismos términos, si éste puede subsistir sin las cláusulas abusivas».*

La **sentencia del Tribunal Supremo n.º 241/2013, de 9 de mayo, ECLI:ES:TS:2013:1916**, anteriormente citada, en relación con la subsistencia de los contratos, establece lo siguiente:

> «Como hemos indicado las cláusulas suelo se refieren al objeto principal del contrato -de ahí que el control de su abuso nada más sea posible cuando haya falta de claridad en los términos indicados-. También hemos indicado que no cabe identificar ‹objeto principal› con ‹elemento esencial› y, en contra de lo sostenido por alguna de las recurridas, el tratamiento dado a las cláusulas suelo por las demandadas es determinante de que no forme ‹parte inescindible de la definición contractual del tipo de interés aplicable al contrato de préstamo y con ello de su objeto y causa›. Más aún, las propias imponentes han escindido su tratamiento.
>
> (...) la nulidad de las cláusulas suelo no comporta la nulidad de los contratos en los que se insertan, ya que la declaración de nulidad de alguna de sus cláusulas no supone la imposibilidad de su subsistencia».

7) Efectos de la declaración de nulidad

Consecuencia directa de la declaración de nulidad de la cláusula IRPH, y de acuerdo con el **artículo 1303** del Código Civil, es la restitución íntegra de las cantidades abonadas en exceso por mi mandante a la mercantil desde la firma del contrato en cuestión.

El Supremo, respecto de las cláusulas suelo, vino a establecer en la ya citada **STS n.º 241/2013, de 9 de mayo**, que una vez *«se declare abusiva y, por ende, nula la denominada cláusula suelo inserta en un contrato de préstamo con tipo de interés variable, procederá la restitución al prestatario de los intereses que hubiese pagado en aplicación de dicha cláusula a partir de la fecha de publicación de la sentencia de 9 de mayo de 2013».*

Si bien es cierto, en esta sentencia se resolvía el ejercicio de una acción colectiva, circunstancia distinta a la presente, que se trata de una acción individual por lo que la declaración de nulidad debe generar la restitución total de las cantidades abonadas indebidamente, de acuerdo con las normas generales de la nulidad de los contratos.

En la **SAP de Ciudad Real n.º 222/2013, de 11 de julio, ECLI:ES:APCR:2013:831**, y en la **SJPI de Oviedo n.º 32/2014, de 10 de febrero, ECLI:ES:JPI:2014:92**, se establece lo siguiente al respecto:

«Con respeto absoluto a dicha resolución y los motivos en aras de seguridad jurídica que ha llevado a limitar los efectos de la declaración de nulidad de las cláusulas, lo que resulta inadmisible es que como pretende el actor, que este Tribunal declare que se tiene por no puestas las cláusula denominada suelo y no tenga ningún efecto dicha declaración, cuando a los demandados se les reclama el importe de unos intereses cuantificados conforme a dichas cláusulas declaradas nulas. En este procedimiento precisamente lo que se reclama es el importe del principal más los intereses moratorios calculados conforme a la cláusula denominada ‹suelo›.

"(...) de permitirse la aplicación de la cláusula suelo hasta la fecha en que se ha declarado su nulidad se estaría permitiendo una especie de vinculación parcial a la misma, en definitiva, una moderación de sus efectos, lo que va en contra de lo establecido por el TJUE al interpretar la Directiva antes reseñada. En este sentido se han expresado algunas Audiencias Provinciales, por ejemplo, la de Ciudad Real en su sentencia de 11 de julio de 2013 que declara: 'Por los mismos motivos hemos de entender que el Tribunal Supremo ha limitado la irretroactividad respecto a los pagos ya efectuados a la publicación de la sentencia, no es el caso que es objeto de estudio, no vamos a entrar en las disquisiciones por las que el Tribunal ha entendido que la nulidad de dichas cláusulas no tienen efectos es tunc, y que no supone una restitutio in integrum al amparo de lo dispuesto en el art. 1300 del C. Civil . Con respeto absoluto a dicha resolución y los motivos en aras de seguridad jurídica que ha llevado a limitar los efectos de la declaración de nulidad de las cláusulas, lo que resulta inadmisible es que este Tribunal declare que se tiene por no puesta las cláusula denominada suelo y no tenga ningún efecto dicha declaración, cuando a los demandados se les reclama el importe de unos intereses cuantificados conforme a dichas cláusulas declaradas nulas'.

O la Sentencia de la AP de Vitoria de 9 de julio de 2013, que señala: 'Lo que evidencia el antecedente de hecho primero de la STS de 9 de mayo de 2013 es que allí sólo se ejercitaba la acción de cesación, sin acumular reclamación de cantidad, con legitimación restringida, imprescriptible, y eficacia ex nunc, a la vista de los arts. 12, 16 y 19 LCGC. En cambio aquí se da respuesta a una acción de nulidad de los arts. 8 y 9 LCGC, que puede ejercitar cualquier afectado, sometida a plazo de caducidad y eficacia ex tunc. El propio FJ 7° de la sentencia que se dicta del Tribunal Supremo deja bien claro, igual que el fallo, que la no retroactividad se refiere a esa sentencia, no a otros casos.

El art. 9.2 LCGC ordena a la sentencia que declare nulidad aclarar su eficacia conforme al artículo siguiente.

El art. 10 LCGC aclara que la nulidad no determina la ineficacia total del contrato. Supone, por el contrario, la nulidad de la cláusula afectada, nulidad que conforme al art. 1303 CC obliga a la restitución recíproca de las prestaciones, que en este caso han sido realizadas sólo por el recurrente, puesto que sólo operó la cláusula suelo. En consecuencia, como señala la sentencia recurrida, la nulidad de la cláusula que suponía un límite a que se aplicara el interés variable pactado acarrea la obligación de restitución por el banco del importe indebidamente cobrado al aplicarla».

Hay que mencionar que tal y como se establece en la **STJUE n.º C-300/23, de 12 de diciembre de 2024, ECLI:EU:C:2024:1026**, el juez nacional podrá sustituir la cláusula por una disposición supletoria de Derecho nacional, siempre que esta disposición tenga un alcance equivalente al de la cláusula que sustituye. Sin embargo, el juez no podrá modificar esta cláusula añadiéndole un elemento que permita remediar el desequilibrio que genera en detrimento del consumidor. **(5)**

8) Intereses debidos

De acuerdo con el **artículo 1108 del Código Civil**, «*si la obligación consistiere en el pago de una cantidad de dinero, y el deudor incurriere en mora, la indemnización de daños y perjuicios, no habiendo pacto en contrario, consistirá en el pago de los intereses convenidos, y a falta de convenio, en el interés legal*».

Por todo lo expuesto,

SUPLICO AL JUZGADO/ A LA SECCIÓN:

Tenga por presentado este escrito junto con los documentos que lo acompañan se sirva admitirlo y en su virtud, tenga por formulada **DEMANDA DE JUICIO VERBAL DE ACCIÓN INDIVIDUAL DE NULIDAD DE CONDICIONES GENERALES DE LA CONTRATACIÓN** contra la entidad demandada [NOMBRE_PARTECONTRARIA] y, previos los trámites legales oportunos, se dicte sentencia por la que se declare la **nulidad de la cláusula Índice de referencia de préstamos hipotecarios (IRPH)** impuesta en el contrato de préstamo hipotecario firmado por mi mandante con la entidad demandada, por tener el carácter de abusiva y, tras ello, se proceda a la **restitución total de las cantidades abonadas por mi mandante indebidamente**, desde la firma del contrato de préstamo hipotecario, más intereses, y dicho índice se sustituya por el EURIBOR, manteniéndose en lo demás la vigencia del préstamo hipotecario.

Por ser justicia que pido en [CIUDAD] a [DÍA] de [MES] de [AÑO]

Firma [FIRMA]

OTROSÍ DIGO: al amparo de lo preceptuado en el artículo 231 de la LEC, esta parte manifiesta su voluntad de cumplir estrictamente los requisitos exigidos por la Ley a efectos de subsanar los defectos en los que pueda incurrir en esta demanda y en cualquier otro acto procesal, en caso de existir los mismos.

En su virtud,

SUPLICO AL JUZGADO/A LA SECCIÓN:

Que tenga por realizada la anterior manifestación a los efectos legales oportunos.

Mismo lugar y fecha *ut supra.*

Firma [FIRMA]

---

(1) Por la reforma realizada por la **LO 1/2025, de 2 de enero**, una vez implantados de forma efectiva los tribunales de instancia (D.T. 1.ª), todas las referencias realizadas a los juzgados unipersonales se entenderán realizadas a las secciones del orden jurisdiccional correspondiente de los tribunales de instancia.

(2) No se admitirán las demandas que tengan por objeto las acciones de reclamación de devolución de las cantidades indebidamente satisfechas por el consumidor en aplicación de determinadas cláusulas suelo o de cualesquiera otras cláusulas que se consideren abusivas contenidas en contratos de préstamo o crédito garantizados con hipoteca inmobiliaria cuando no se acompañe a la demanda documento que justifique haber practicado el consumidor una reclamación previa extrajudicial a la persona física o jurídica que realice la actividad de concesión de préstamos o créditos de manera profesional, con el fin de que reconozca expresamente el carácter abusivo de dichas cláusulas, con la consiguiente devolución de las cantidades indebidamente satisfechas por el consumidor. (Art. 439.5 de la LEC).

(3) El artículo 85 de la LOPJ ha sido modificado por la **LO 1/2025, de 2 de enero**, con efectos desde el 23 de enero de 2025.

(4) La **LO 1/2025, de 2 de enero**, ha modificado el artículo 543 de la LOPJ, con efectos desde el 23 de enero de 2025, y los artículos 23 y 31 de la LEC, con efectos desde el 3 de abril de 2025.

(5) Existe jurisprudencia menor (no respaldada por el TS) que no establecen ningún índice sustitutivo, lo que conlleva un beneficio para el demandante. Véase a este respecto, por ejemplo, la sentencia del Juzgado de Primera Instancia de Coria, rec. n.º 459/2025, de 22 de octubre, ECLI:ES:JPII:2025:345.

Recurso de apelación contra resolución desestimatoria de nulidad de una cláusula IRPH por no considerar falta de transparencia

Procedimiento [NÚMERO] **/** [AÑO]

A LA AUDIENCIA PROVINCIAL DE [LUGAR]

Don/Doña [NOMBRE_PROCURADOR_CLIENTE], procurador/a de los tribunales y de **don/doña** [NOMBRE_CLIENTE], según tengo acreditado en los autos de juicio [ESPECIFICAR] señalados con el número [NÚMERO], bajo la dirección letrada de don/doña [NOMBRE_ABOGADO_CLIENTE], ante esta audiencia comparezco y como mejor proceda en derecho,

DIGO

En la representación que ostento y por medio del presente escrito, dentro del plazo que me ha sido conferido, interpongo, en tiempo y forma, **RECURSO DE APELACIÓN** frente a la sentencia dictada el [FECHA] por el [JUZGADO/SECCIÓN] en el procedimiento [ESPECIFICAR], número [NÚMERO_PROCEDIMIENTO], de conformidad con las siguientes,

ALEGACIONES

PREVIA.- Se presenta recurso de apelación, con base en los **artículos 455 de la LEC (1)** y siguientes.

El recurso se presenta en el plazo y la forma que se prevé en el **artículo 458 de la LEC**.

La resolución número [NÚMERO] de fecha [FECHA] que se recurre se dictó en procedimiento [ESPECIFICAR] por el que se desestima la nulidad de una cláusula al considerarse que no existe falta de transparencia ni abusividad.

PRIMERA.- MOTIVOS DE APELACIÓN

En primer lugar, esta representación quiere manifestar su disconformidad con la declaración de la cláusula como transparente.

La **sentencia del Tribunal de Justicia de la Unión Europea n.º C-125/18, de 3 de marzo de 2020, ECLI:EU:C:2020:138**, ha venido determinando que, para que una cláusula que referencia el interés variable de un préstamo a un índice oficial como el IRPH sea considerada transparente, no basta con que se publique en el BOE y se incluya en el contrato, sino que es necesario que se haya proporcionado al consumidor información suficiente sobre la evolución pasada del índice en cuestión. En este sentido, apunta lo siguiente:

> «(...) según reiterada jurisprudencia del Tribunal de Justicia relativa a la exigencia de transparencia, tiene una importancia fundamental para el consumidor disponer, antes de la celebración de un contrato, de información sobre las condiciones contractuales y las consecuencias de la celebración del contrato. En función, principalmente, de esa información el consumidor decide si desea quedar vinculado contractualmente adhiriéndose a las condiciones redactadas de antemano por el profesional (...).
>
> (...) la exigencia de transparencia de las cláusulas contractuales, tal como resulta de los artículos 4, apartado 2, y 5 de la Directiva 93/13, no puede reducirse exclusivamente a su carácter comprensible en un plano formal y gramatical. Toda vez que el sistema de protección establecido por dicha Directiva

se basa en la idea de que el consumidor se halla en situación de inferioridad respecto al profesional en lo relativo, en particular, al nivel de información, la mencionada exigencia de redacción clara y comprensible de las cláusulas contractuales y, por tanto, de transparencia, a que obliga la propia Directiva, debe interpretarse de manera extensiva (...)»

Así:

«Por lo que se refiere a una cláusula que, en el marco de un contrato de préstamo hipotecario, estipule la retribución del correspondiente préstamo mediante intereses que se calculan según un tipo variable, la referida exigencia se ha de entender como la **obligación no solo de que la cláusula considerada sea comprensible para el consumidor en un plano formal y gramatical, sino también de que posibilite que el consumidor medio, normalmente informado y razonablemente atento y perspicaz, esté en condiciones de comprender el funcionamiento concreto del modo de cálculo de dicho tipo de interés y de valorar así, basándose en criterios precisos y comprensibles, las consecuencias económicas, potencialmente significativas, de tal cláusula sobre sus obligaciones financieras**».

En base a ello, la falta de transparencia de la cláusula IRPH no solo afecta a su validez, sino que también permite entrar a valorar su carácter abusivo. Según el **artículo 4, apartado 1, de la Directiva 93/13/CEE** y el **artículo 82, apartado 3, de la LGDCU**, el carácter abusivo de una cláusula se apreciará teniendo en cuenta la naturaleza de los bienes o servicios objeto del contrato y considerando todas las circunstancias concurrentes en el momento de su celebración.

En este sentido, de la **sentencia del Tribunal de Justicia de la Unión Europea n.º 300/23, de 12 de diciembre de 2024, ECLI:EU:C:2024:1026**, se infiere que la falta de transparencia de una cláusula contractual constituye un elemento determinante para valorar la abusividad, y establece que:

«(...) el requisito de transparencia derivado de estas disposiciones se cumple en la celebración de un contrato de préstamo hipotecario por lo que se refiere a la cláusula de ese contrato que prevé la adaptación periódica del tipo de interés tomando como referencia el valor de un índice oficial establecido mediante un acto administrativo, que incluye la definición de dicho índice, por el mero hecho de que ese acto y los valores anteriores del correspondiente índice hayan sido publicados en el diario oficial del Estado miembro de que se trate, sin que, en consecuencia, el prestamista esté obligado a informar al consumidor acerca de la definición de ese índice y de su evolución anterior, incluso si, debido a su método de cálculo, tal índice no se corresponde con un tipo de interés remuneratorio, sino con una TAE, siempre que, debido a su publicación, esos elementos resulten suficientemente accesibles para un consumidor medio gracias a las indicaciones dadas en tal sentido por este profesional. En ausencia de esas indicaciones, incumbe al profesional ofrecer directamente una definición completa de ese índice y cualquier otra información pertinente, en particular por lo que se refiere a una eventual advertencia hecha por la autoridad que haya establecido dicho índice acerca de sus particularidades y de las consecuencias de este que puedan considerarse importantes para el consumidor con el fin de evaluar correctamente las consecuencias económicas de la celebración del contrato de préstamo hipotecario que se le propone. En cualquier caso, **incumbe al profesional ofrecer al consumidor toda la información que, en virtud de la normativa nacional aplicable en el momento de la celebración del contrato, esté obligado a proporcionar**».

Por su parte, el Tribunal Supremo en su **sentencia n.º 1590/2025, de 11 de noviembre, ECLI:ES:TS:2025:4876**, también analiza en que supuestos esta cláusula puede considerarse como transparente, destacando la importancia de que la cláusula impugnada mencione la Circular 5/1994, a los efectos de que el consumidor pueda acceder a la información necesaria para comprender el método de cálculo y los sucesivos valores del índice, o en su defecto, se acredite por la entidad bancaria que dicha información ha sido facilitada. Además, aclara que: «(...) *No será suficiente, a estos efectos, la sola mención de la Circular 8/1990, pues no llegó a publicarse en el BOE una versión consolidada que incluyera los contenidos añadidos por la Circular 5/1994, de modo que, en tales casos, el consumidor no podría lograr la accesibilidad al contenido de esta última circular sin llevar a cabo una tarea que excede de la diligencia de un consumidor medio y se adentra en el campo de la investigación jurídica*».

En nuestro caso, ha quedado acreditado que ni la cláusula contiene mención alguna a la Circular 5/1994, ni la entidad bancaria ha facilitado al recurrente ningún tipo de información que le permita conocer el alcance real y efectivo del IRPF.

En segundo lugar, la sentencia recurrida también niega la abusividad de la cláusula, algo con lo que esta parte también discrepa, ya que entendemos que ha quedado suficientemente acreditado que se ha producido un desequilibrio importante entre los derechos y deberes de las partes en detrimento de mi mandante.

Como ya recordó el Tribunal Supremo en la **STS n.º 1591/2025, de 11 de noviembre, ECLI:ES:TS:2025:4838**, el TJUE ha establecido que «*Para la apreciación del eventual carácter abusivo de la cláusula controvertida (...) debe tomarse en consideración: el incumplimiento del requisito de transparencia, y la comparación del método de cálculo del tipo de los intereses ordinarios previsto por esta cláusula y el tipo efectivo de esos intereses resultante con los métodos de cálculo generalmente aplicados y, entre otros, con los tipos de interés aplicados en el mercado en la fecha en que se celebró el contrato de préstamo en cuestión a un préstamo de un importe y una duración equivalentes a los de dicho contrato*».

Siguiendo los parámetros que aporta nuestro Alto Tribunal en la citada sentencia, especialmente el que especifica que «*Se ha de comparar el tipo efectivo de los intereses ordinarios resultante de la aplicación de la cláusula que establece como índice de referencia el IRPH y el tipo efectivo de esos intereses resultante con los métodos de cálculo generalmente aplicados, y, entre otros, con los tipos de interés aplicados en el mercado en la fecha en que se celebró el contrato de préstamo en cuestión a un préstamo de un importe y una duración equivalentes a los de dicho contrato*», puede afirmarse, sin género de dudas, que se ha producido un desequilibrio en perjuicio de mi mandante, ya que la cantidad que abonó durante la vigencia del contrato fue muy superior a la que hubiese abonado de aplicarse otros índices habituales en la fecha en la que se firmó el contrato.

Por todo lo expuesto, tenemos que manifestar que se aprecia un desequilibrio importante entre los derechos y deberes de las partes en detrimento de mi cliente, lo que es contrario a las exigencias de la buena fe, así como una aportación incompleta de la información relativa a la cláusula IRPH, lo que conlleva, en palabras del TJUE en la sentencia mencionada, la consideración de este tipo de cláusulas como abusivas.

«(...) el artículo 3, apartado 1, de la Directiva 93/13 debe interpretarse en el sentido de que, para apreciar el carácter eventualmente abusivo de una cláusula de un contrato de préstamo hipotecario a tipo de interés variable que prevé la adaptación periódica del tipo de interés tomando como referencia el valor de un índice oficial, es pertinente el hecho de que esta cláusula se remita directa y simplemente a este índice, aunque de las indicaciones contenidas en el acto administrativo que estableció dicho índice resulte que, debido a las particularidades derivadas de su método de cálculo, sería necesario aplicar un diferencial negativo para ajustar la TAE de la operación en cuestión a la TAE del mercado, siempre y cuando el profesional no haya informado al consumidor acerca de tales indicaciones y de que estas no fueran suficientemente accesibles para un consumidor medio».

SEGUNDA.- PRUEBA

No consta acreditada la prestación de una información completa y suficiente sobre la evolución del IRPH antes de la celebración del contrato, lo que impide a mi cliente conocer y comprender la naturaleza, evolución y efectos del índice contratado.

De igual manera, es apreciable un desequilibrio de derechos y obligaciones entre las partes de este procedimiento, ello en perjuicio de mi cliente. En este sentido nos remitimos a la prueba aportada con la demanda, y especialmente al informe pericial en el que se realiza una comparativa que deja patente el desequilibrio en perjuicio de mi mandante.

Por lo expuesto,

SUPLICO A LA AUDIENCIA:

Que, tenga por presentado este escrito, lo admita junto con sus documentos y copias, y tenga por interpuesto **RECURSO DE APELACIÓN**, contra la sentencia n.° [NÚMERO] y, previos los trámites legales oportunos, proceda a dictar sentencia acordando revocar la sentencia de instancia, con estimación del recurso de apelación e imposición de costas a la adversa.

Por ser justicia que pido en [LOCALIDAD], a [FECHA].

Firma abogado/a   Firma procurador/a

PRIMER OTROSÍ DIGO: siendo intención de esta parte cumplir con todos los requisitos legales, a tenor de lo previsto en el **artículo 231 de la Ley de Enjuiciamiento Civil**, se solicita se le diere traslado de cualquier defecto que adoleciere la presente demanda, para la inmediata subsanación de la misma.

SUPLICO A LA AUDIENCIA:

Tenga por efectuada la anterior manifestación a los efectos oportunos.

Por ser justicia, fecha y lugar *ut supra*.

Firma abogado/a   Firma procurador/a

---

(1) En virtud del artículo 455 de la LEC *«las sentencias dictadas en toda clase de juicio, los autos definitivos y aquéllos otros que la ley expresamente señale, serán apelables, con excepción de las sentencias dictadas en los juicios verbales por razón de la cuantía cuando ésta no supere los 3.000 euros».*